JN240777

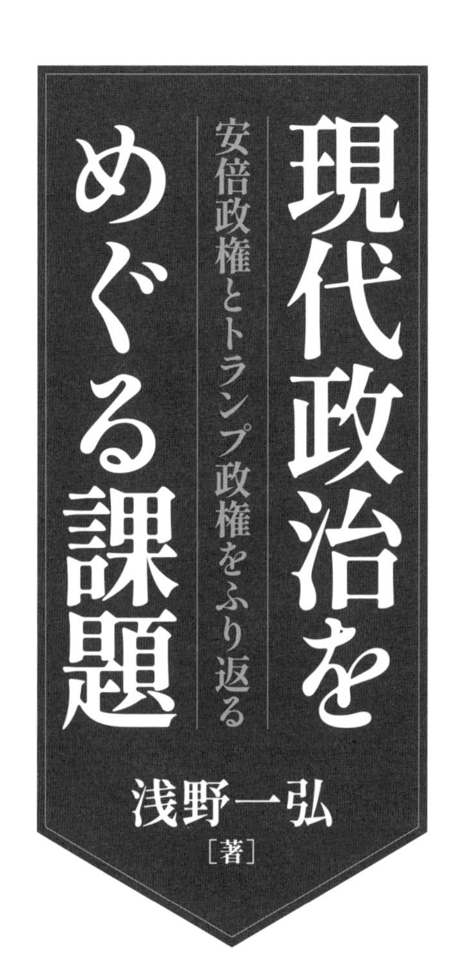

同文舘出版

はしがき

2025年1月20日，米国大統領の就任式がおこなわれた。これは，アメリカ合衆国憲法・修正第20条1節の「大統領および副大統領の任期は，もし本修正箇条の承認がなければ任期が終了すべき年の一月二〇日の正午に終了し，上院議員および下院議員の任期は同じ年の一月三日の正午に終了する。その後任者の任期はその時より開始する」（1933年確定）との規定によるもので*[1]，この日から，第二次ドナルド・トランプ（第47代大統領）政権がスタートした。ちなみに，再選をめざしたものの，その夢がかなわず*[2]，のちに大統領職に返り咲いたのは，トランプで2人目となる。米国史上初の事例は，第22代（1885年～1889年）・第24代（1893年～1897年）大統領をつとめたグロバー・クリーブランドのケースである。

したがって，4年間の空白をおいて，大統領職にカムバックすること自体，異例といえるが，今回は，就任式の開催場所についても，通常とは異なっていた。従来であれば，多くの人がみまもるなか，連邦議会議事堂のそとで開催される就任式であるが，首都ワシントンDCを寒波がおそったこともあり，この日の式典は，同議事堂内のロタンダ（円形大広間）でおこなわれ，用意された座席数もおよそ750席のみであったという。報道によれば，屋内での開催は，1985年1月20日のロナルド・レーガン大統領の2度目の就任式以来，40年ぶりとのことだ*[3]。ただ，約750席しかないなかで，「トランプ氏は巨大IT企業のトップらを閣僚候補たちよりも自身に近い『特等席』に案内した」ことも，耳目をあつめた*[4]。

くわえて，2期目の就任時のトランプの年齢は78歳7カ月で，バイデンのときの78歳2カ月をうわまわり，史上最高齢であった*[5]。バイデンが出馬をとりやめるまでのあいだ，高齢批判を展開したトランプであったが，みずからが大統領就任時の年齢の記録を塗りかえるというのは皮肉といわざるを得ない。

また，1月20日の就任にあわせて，トランプは，パリ協定からの再離脱，世界保健機関（WHO）からの脱退，メキシコ国境への軍隊の派遣などを内容とする，25本以上の大統領令にも署名をした＊6。ただ，就任式前日の19日に，トランプは，「就任から数時間のうちに『100本近く』の大統領令に署名する意向」を表明していたこともあり＊7，今後も，“トランプ劇場の支配人兼主役”から目をはなせない状況がつづきそうである。

ところで，本書第３章および第４章では，第一次トランプ政権（2017年１月20日～2021年１月20日）誕生以前から，日本側がトランプ自身に対して，どのような懸念をいだいていたのかを検証している。今回のトランプの大統領就任にあたっても，８年まえとおなじような現象がみられたようだ。そこで，大統領就任式を受けてかかげられた，日本側マスメディアの論調について整理しておこう。

概していえることは，日本側のマスメディアは，トランプ政権の今後の《方向性》を不安視しているという事実である。たとえば，『朝日新聞』の「（社説）トランプ政権と国際社会　米依存から脱する新秩序を」に目をやると，そこには，「米国はいまや世界で高まる不確実性の『張本人』というほかない」（傍点，引用者）との記述がみられる＊8。おなじことが，『毎日新聞』と『読売新聞』でもいえる。前者の「社説：トランプ2.0　米国第一の復活　これが『偉大な国』なのか」には，「不確実性が高まるトランプ時代にどう対処すればいいか」（傍点，引用者）＊9，そして，後者の「[社説] トランプ氏就任『米国第一』は何をもたらすか」でも，「不確実性に満ちた時代が再び幕を開けた」（傍点，引用者）といった具合に＊10，第二次トランプ政権の今後について，３紙ともに，《不確実性》を共通のキーワードとしてあげているのが興味深い。われわれは，第一次トランプ政権の４年間を目のあたりにしてきたにもかかわらず，今後のトランプのかじとりについて，その《方向性》が依然として展望しきれないままでいるようだ。

そうした《不確実性》に満ちた国際社会のなかで，『読売新聞』の社説は，「『独裁者』になると公言してはばからず，『米国第一』のためなら友好国であっても力でねじ伏せようとする。異形の米国大統領」トランプのカムバックによって,「米国自身が主導してきた国際秩序や民主主義を不安定化させることになるのか」との疑問を呈している。また,『朝日新聞』の社説も,「『自国第一』を掲げた政権の再来である。米国が国際秩序を主導した時代の幕が下り,予見しがたい多極化世界への移行が加速しそうだ」との危惧を表明する。こうした論調がでてくる背景には,『毎日新聞』の社説が指摘するように,「歴代大統領の就任演説では,超党派の団結を訴えるのが伝統だが,1期目と同様に背を向けた。呼び掛けたのは自らが信じる『トランプの米国』への結集だった。2期目で目立つのは,掲げる旗印の過激さである」との思いがあるからだ。

とはいえ,今後の4年間,好むと好まざるとにかかわらず,われわれは,トランプという人物とつきあっていかなければならないのである。そこで,日本はどのようなスタンスをとっていくべきであろうか。『毎日新聞』によると,「米中対立の激化は,中国との貿易や投資で利益を得る日本にとっては好ましくない。地域の安定を促すためにも主体的に動き,緊張の緩和に貢献すべきだ」としたうえで,「日本にとって最大の国益は,自由な国際秩序を維持することだ。そのために果たす役割は大きい」と説く。『読売新聞』の場合は,「トランプ氏の予測困難性や突破力が,難題を動かす方向に活用されれば,好結果を生むこともあろう。ただしそのためには,日本や欧州などの民主主義陣営が結束し,米国を国際協調の枠組みにつなぎとめる努力が欠かせない」との条件をつけたうえで,「岩屋外相が日本の外相として初めて米大統領就任式に出席した。石破首相は2月の訪米とトランプ氏との会談を実現させ,日米関係の安定につなげるべきだ」との注文をつける。最後に,『朝日新聞』の主張をみてみよう。『朝日新聞』は,「トランプ流の米国外交は,もはや特異な過渡的現象とは言いがたい。緊密な対米同盟が今後も日本の外交資産であり続けるとしても,米国だけに頼らぬ安全保障と自由貿易体制を促進する自律外交の領域を広げねばならない」として,日米関係の“相対化”と“自律化”を求めている。要するに,今後は,いままで以上に,「主体的な思考で日本の針路を定めねばならない」わけだ。

さて，本書では，こうした日本側メディアの対米認識は，すでに第一次トランプ政権時でも示されていたとの考えのもと，論述をすすめている。また，トランプという人物をより深く理解するためにも，きわめて親密な関係を構築したとされる安倍晋三の政治スタンスについてもとりあげる。本書第１章がそれにあたる。さらに，第２章では，「食料安全保障」ということばに着目して，安倍の農業観を描きだす。各章のあとにもうけられたTopicsと最後の２つの補論は，安倍政権，トランプ政権の特色をより浮かびあがらせるために，収録したものである。

2025年１月

浅野　一弘

注

＊１　斎藤眞「アメリカ合衆国憲法」宮沢俊義編『世界憲法集』〔第四版〕（岩波書店，1983年），57-58頁。

ちなみに，「それまで３月４日が任期の始まりだった」が，「大恐慌で迅速な政策決定を迫られ，11月の選挙から４カ月の政権移行期間は長すぎると判断された」ため，フランクリン・D・ルーズベルト大統領の２期目の就任式（1937年）以降，任期のはじまりが１月20日となったようだ（『毎日新聞』2025年１月21日，１面）。

＊２　2020年の大統領選挙で敗北を喫したトランプは，2021年１月20日のジョー・バイデン大統領の就任式には，出席していないことを付言しておく（『読売新聞』2025年１月21日，９面）。

＊３　『朝日新聞』2025年１月21日（夕），１面。

＊４　『読売新聞』2025年１月22日，７面。

＊５　『朝日新聞』2025年１月21日（夕），１面。

＊６　『読売新聞』2025年１月22日，１面。このほかにも，トランプは，バイデン政権によって推進されたDEI（多様性・公平性・包摂性）施策の廃止，生物学的な男女のみを性別として認めるとの連邦政府の方針をもりこんだ大統領令にも署名をしている（『毎日新聞』2025年１月22日，18面）。

＊７　『朝日新聞』2025年１月21日，１面。

＊８　同上，12面。

＊９　『毎日新聞』2025年１月22日，５面。

＊10　『読売新聞』2025年１月22日，３面。

現代政治をめぐる課題―安倍政権とトランプ政権をふり返る―●目次

補論 2 ライス国務長官の素顔 ―自伝と回顧録から読みとく―

【初出一覧】

第１章　「安倍晋三論—『全体主義』の文脈で『新しい国へ』を読む—」『危機の時代と「知」の挑戦』〔下巻〕〔論創社〕(2018年５月20日)。

Topics 1　「歴史はくり返す？」『北海道自治研究』第565号〔北海道地方自治研究所〕(2016年２月15日)。

第２章　「安倍晋三政権と農業政策」『札幌大学総合研究』第10号〔札幌大学総合研究所〕(2018年３月31日)。

Topics 2　「『圧力団体』としての農協は弱体化したのか—北海道における“農村票”とは」『ニューカントリー』No.808〔北海道協同組合通信社〕(2021年７月１日)。

第３章　「トランプ政権下の日米関係—『朝日新聞』と『読売新聞』の社説に注目して—」『国際政治の変容と新しい国際政治学』〔志學社〕(2020年９月20日)。

Topics 3　「拝啓　トランプ大統領さま—どうなされたいのですか—」『北海道保険医新聞』2017年５月５日，２面。

第４章　「トランプ政権の対アジア外交—日本側の社説を手がかりに—」『激動するアジアの政治経済』〔志學社〕(2017年９月30日)。

Topics 4　「＜書評＞菅谷洋司『「偉大なる後進国」アメリカ』(現代書館，2020年)・菅谷洋司『「アウトロー超大国」アメリカの迷走』(現代書館，2020年)」『臨床政治研究』第12号〔日本臨床政治学会〕(2021年12月31日)。

補論１　「『天職』としての公務員—少子高齢社会という“危機”のなかで—」『札幌大学総合論叢』第44号〔札幌大学総合研究所〕(2017年10月31日)。

補論２　「コンドリーザ・ライス国務長官」『現代アメリカの「女性政治家」』〔学文社〕(2016年４月20日)。

第1章

安倍晋三論－『新しい国へ』を読む－

1 はじめに

「全体主義とはなんであろうか」という問いに対して，明確に回答できる人間はどのくらい存在するであろうか。おそらく，日本にいるわれわれの大半が，この質問の答えに窮するのではなかろうか。というのは，現在，われわれは，「全体主義」とはほど遠い状態で，日常生活を送っているはずであるからだ。だが，安倍晋三政権期の論壇をみていると，日本にいるわれわれ全員が，「全体主義とはなんであろうか」との問いに明確な回答を示すことのできる日がくるように思えてならない。

その好例としてあげられるのが，自民党の日本国憲法改正草案（2012年4月27日・決定）の存在である。現に，大谷実・学校法人同志社総長は，「自民党の憲法改正草案には『個人が大切にされすぎているので，もっと公の利益や秩序を大切にしないといけない』という考えが出ているように見える」と断じている。さらに，大谷は，2014年度の卒業式の祝辞で，つぎのように述べたのであった*1。

> 私は，今日の我が国の社会や個人の考え方の基本，価値観は，個人主義に帰着すると考える。国や社会は何にも勝って，個人の自由な考え方や生き方を大切に扱わなければならないという原則だ。個人主義は，利己主義に反対し，全体主義とも反対する。
>
> 安倍首相の憲法改正の意欲は並々ならぬものがある。自民党憲法改正草案

では，「個人の尊重」という文言は改められ，「人の尊重」となっている。「個人主義を助長してきた嫌いがあるので改める」というものだ。個人主義を，柔らかい形ではあるが改めようとしている。これまで明確に否定されてきた全体主義への転換を目指していると言ってよいかと思う。

卒業生の皆さんは，遅かれ早かれ憲法改正問題に直面するが，そのときには，本日あえて申し上げた個人主義を思い起こしていただきたい。そして，熟慮に熟慮を重ねて，最終的に判断して頂きたいと思う。

これは，日本国憲法・第13条の規定に関する発言で，現行では，「すべて国民は，個人として尊重される。生命，自由及び幸福追求に対する国民の権利については，公共の福祉に反しない限り，立法その他の国政の上で，最大の尊重を必要とする」とされているものが，自民党の憲法改正草案では，「全て国民は，人として尊重される。生命，自由及び幸福追求に対する国民の権利については，公益及び公の秩序に反しない限り，立法その他の国政の上で，最大限に尊重されなければならない」とされているのだ*2。

さて，本章では，まずはじめに，「全体主義」というワードをめぐる論壇の動向を紹介する。そこからは，安倍政権期の日本の政治情勢を「全体主義」ととらえる論調がいかに多かったかがわかるはずだ。つづけて，「全体主義」の意味を整理する。その折り，「全体主義」という用語が，事典などで，どのように説明されているのかに着目したい。つぎに，「全体主義」という文脈で，安倍の著作『新しい国へ―美しい国へ　完全版―』を解読する。もっとも，「全体主義という言葉には強いイデオロギー的含意があり，その言葉を使うこと自体が一つの態度決定を意味しているから，そのことに注意して用いなければならない」との見解があることもふまえたうえで，議論を展開しようと思う*3。そして，最後に，「全体主義」との関連で，日本政治の“主役”であるわれわれが留意すべきことがらについて，ふれておく。

2 「全体主義」ということばをめぐる論壇の動向

民主党の蓮舫・代表代行は，「（第3次安倍改造内閣で新設された）1億総活躍，なんか戦前を思い出すような全体主義的なキャッチコピーで，誰が名前を付けたのかと素朴に思う」との印象を語ったが*4，論壇の動向に目をやると，「全体主義」という観点で，安倍政権や自民党をとらえている主張が多いことに気づく。

たとえば，安倍政権下の2013年12月13日，特定秘密保護法の公布（施行：2014年12月10日）にあたって，ジャーナリストの保阪正康は，「今までの日本は，もし戦争が起こったら，という枠組みがない，平時の法体系でした。安倍首相は，この法体系そのものを見直しているのです」とし，特定秘密保護法が，「平時から戦時へと移行する法体系の一部なんです。憲法改正，集団的自衛権の行使容認，日本版NSCの創設。これらが構成する法体系です」と述べている。さらに，保阪は，自民党が「党内のバランスがまったく働かない。右翼化した政党になってしまった」との警告を発したのち，「今すぐ戦争をやるわけではありません。でも，ゆくゆくは，太平洋戦争の前にできた国家総動員法みたいな法律を平気で考え出すのではないかと心配です。今の自民党は，保守政党じゃなくて右翼化した全体主義政党ですから」と断じている*5。

ちなみに，特定秘密保護法の公布を受けて，北海道和寒町議会や兵庫県新温泉町議会のように，同法の廃止を求める意見書を採択した地方議会もあった。なかでも，愛媛県上島町議会の場合，「『特定秘密』の対象を広げることにより，主権者たる国民の知る権利を担保する内部告発や取材活動を萎縮させ，官僚や行政機関による情報隠蔽を助長し日本国憲法に保障される基本的人権を根底から阻害し，再び我が国を全体主義社会に向かわせかねない法律である」として，同法と「全体主義」とを関連づけた決議を採択している（2014年3月10日）ことは，注目にあたいする*6。

大きな議論をよんだ特定秘密保護法にくわえて，アベノミクスの手法にも注目した佐和隆光・滋賀大学学長は，「安倍政権の本質はなかなか見えにくかったが，統制色の強いアベノミクス，特定秘密保護法のごり押しなどを見ると，全体主義を志向する政権だと言わざるをえない」との認識を披露している*7。

さらに，安倍政権に批判的な山口二郎・法政大学教授は，「ナチズムやスターリン主義の衝撃を受け止め，文学では全体主義支配を題材として，権力がどこまで人間を支配，管理できるか，想像力を広げて地獄絵を描くという作品が現れた。それがディストピア（ユートピアの対極）小説である。現在の日本は，ジョージ・オーウェルの『一九八四年』に代表される，この種のディストピア小説をどこまで実際の世界で実現できるか，国を挙げて実験しているようなものである」としたうえで，とりわけ，「二〇一五年は，第二次世界大戦の終結から七〇年の節目の年である。安倍政権および，それを支える勢力が歴史認識の問題に執念を持つのも，全体主義的志向の現れ」としている*8。しかも，山口は，「スターリン時代のソ連や旧東ドイツのように，地域や職場はもとより家族の中にまで相互監視と密告が奨励された状態は，非政治的世界の否定，人間生活の全面的政治化とよぶことができる」とし，「安倍政権が目指しているのも，社会の全面的政治化である」と断じている。そのうえで，「反対者を除去し，安倍的なるものに向けて政治化を進めるという政治手法」のことを「安倍的全体主義」とまでいいきっているのだ。そして，その「政治化のゴールに置かれている」のが，「安倍が個人的に抱く権威主義的ナショナリズム，歴史修正主義，戦後民主主義への復讐」であると分析している*9。

おなじく安倍政権批判を展開する評論家の佐高信は，「祖父の岸の妖気を受け継いで，孫の安倍は強権政治を進めている」として，「いま，自民党は，祖父の岸譲りの全体主義者，安倍によって，保守の知恵を持った者は隅に追いやられ，安倍とその仲間たちが主流を占めている」との状況認識を披露している*10。

また，九条の会・事務局長をつとめる小森陽一・東京大学教授にいたっては，小泉純一郎政権時からすでに，「国の内と外に『敵をつくる』ことによって，政治の破綻から目をそらせて，その『敵が悪い』という『大衆煽動的な全体主義』をマスメディアを利用してやっていくことになりました」とし，「（第一次）安倍政権が，国民生活や経済にかかわる無能さを，どこでぎりぎり担保しているかといえば，それはイデオロギー問題です。つまり，安倍政権は『美しい日本』を掲げたナショナリズム扇動内閣であり，同時に，『大日本帝国の復活』を狙う『靖国史観』政権」（カッコ内，引用者補足）とまでよんでいる*11。

日本をおおう，こうした全体主義的な空気への懸念は，文壇からも提起されている。作家の中村文則は，2015年2月28日におこなわれた雑誌の対談（対談者：田中慎弥）で，「僕は最近，現実の世の中が少しずつ全体主義の方向に傾きつつあると認識していて，そういう世界の中でどんな政治的な言葉を言えばよいのかって考えると，もしかしたら従来の方法では伝わりにくくなってるんじゃないかとも思ったんです」「僕は今の日本の流れに対して危機感を持っていて。全体主義的傾向がもっとはっきり出てきた時にはもう遅い。そうなったら，誰も聞く耳を持たなくなる」と，いまの政治状況を憂えている*12。

安倍政権を危険視するこのような声は，各界からだされており，芸術の領域からは，映画作家の想田和弘が，「日本社会には安倍政権という『病い』を育て発症させてしまうような体質がある。安倍政権が幾度にもわたる選挙を生き延び，勢力を伸ばしているのは，民主的諸価値が軽視されたり全体主義的政策が推進されたりしてもそれを重大視せず，『それでも民主党よりマシだよね』と容認している私たちがいるからである。職場や家庭や教育現場などにおける私たちの生活そのものが全体主義的価値観に侵食され，民主的諸価値が希薄化しているからこそ，私たちはファシストたちへの免疫機能を適切に働かせることができないのではないだろうか」との警鐘をならしている*13。

また，普天間飛行場の移設問題をかかえる沖縄県の地元紙とのインタビューにおいて，音楽家の坂本龍一は，「6月に自民党の若手勉強会であった一連の報道圧力や百田発言などについて」とする問いに，「政府に反対する意見を述べるメディアや個人は全部しょっぴく，あるいは潰（つぶ）してしまうという体制は全体主義ですよね。明確に自民党の人たちがそういう意識を持っているということがはっきりしている。面と向かってそういう体制が好きですか？そうなってほしいですか？　と聞けばまだほとんどの人は嫌だ，困ると言うでしょう。ただ，そう単刀直入には聞いてこないで，じわじわと自主規制させるような空気がすでに気が付かないうちに始まっている。自分たちが明確な意識を持たないうちに自主規制が広がっているのは非常に大きな問題です。敏感にそういうことに目を向けてできるだけ明確に反対意見を言わないと，全体主義体制になってしまうでしょうね」と応じている*14。ここでいう「自民党の若手勉強会であった一連の報道圧力や百田発言」とは，2015年6月25日，「安倍晋三首相に近い自民党の若手議員約40人」が，「憲法改正を推進する勉強会『文化芸術懇話会』の初会合を党本部で開いた」折り，講師としてまねかれた作家の百田尚樹が，「沖縄の地元紙が政府に批判的だとの意見が出たのに対し，『沖縄の二つの新聞はつぶさないといけない』と発言した」ことをさしている*15。この文化芸術懇話会に対する批判は，地方自治体の首長からも提起されている。たとえば，岩手県の「達増拓也知事は『全体主義，ファシズムに向かう言動だ』と痛烈に批判した」という。しかも，達増は，「国政でみられるような全体主義的なものを岩手に及ぼしていいのか」とも指摘している*16。

なお，沖縄県の地元紙で，こうした政治状況を全体主義という観点でとらえた論調は，坂本の発言以外にもあり，たとえば，『琉球新報』は，「自民議員発言／異論排除は全体主義への道」と題する社説のなかで，「安全保障関連法案に抗議する若者グループ『SEALDs（シールズ）』の主張について，自民党の武藤貴也衆院議員がツイッターで『「戦争に行きたくない」という極端な利己的考え』と批判した」ことをとりあげ，「シールズのメンバーは主に10代から

20代前半の学生だ。若い世代の政治参加は健全な民主主義国家の姿だといえよう。これに対し，異なる意見に『利己的』とレッテルを貼ってどんどん排除すれば，行き着く先は全体主義国家だ」と論じている*17。

こうしたなか，いまの情勢を「全体主義」ととらえる声が，保守陣営からもあがってきていることは，注目にあたいする。その好例が，「自由主義的な保守主義」をかかげる，佐藤優・元外務省主任分析官の発言であろう。佐藤は，2014年12月14日におこなわれた第47回衆議院議員総選挙にふれ，「自民党の選挙ポスターのコピーは，『景気回復，この道しかない』というもの」であったが，「『この道しかない』というのは，1988年のソビエト連邦のゴルバチョフ政権のスローガンと同じなのです」と述べている。そのうえで，「そもそも『この道しかない』などという言葉は，民主主義国のスローガンとしてあり得ません。『ダメなものはダメ』なら，まだあり得ます。いくつかの選択肢のうちで，やはり，やってはいけないことはあるということですから」とし，「しかし『この道しかない』は，それ以外の選択肢はないということになります。これではまるで全体主義国です」と断じている*18。

さらに，「憲法を改正して自衛隊を正式な軍隊にすべきだという立場」をとりつつも，「解釈改憲による集団的自衛権行使の容認に反対」というスタンスの漫画家・小林よしのりは*19，みずからのブログ（2015年7月13日付）で，「来年の参院選で自民党が負けて，衆参のねじれ国会になってしまえば，安倍スターリンの全体主義が崩れて，他の議員が言いたいこと言えるようになるのだが」との気もちを吐露している*20。小林のこうした言動がでてくる背景には，6月25日に開催予定であった，自民党の「若手のハト派国会議員らによる『過去を学び「分厚い保守政治」を目指す若手議員の会』」による勉強会での小林の講演が急きょ中止となったことが関係している*21。

おなじように，憲法改正を主張しつつも，「安全保障法制を『違憲』として廃止」すべきとして，第24回参議院議員通常選挙（2016年7月10日）に，政治団体・国民怒りの声をたちあげ，立候補した小林節・慶應義塾大学名誉教授は，「新しい全体主義を止めることができなかった」との思いを吐露した*22。ちなみに，小林は，自民党が制作した「ほのぼの一家の憲法改正ってなぁに？」という漫画の小冊子の記述についても，「今の憲法が個人主義的で『個人の自由が強調されすぎて，家族の絆や地域の連帯が希薄になった』との記述には呆れはてる」とし，「個人主義を批判し，全体主義を目指しているとしたら恐ろしいこと。自由主義とは本来，個人主義になるもの。家族の絆などは道徳的問題であり，法で強制されるべきものではありません。例えば，全体主義になれば自由に離婚もできなくなり，離婚は憲法違反になることも考えられる」として，自民党政権下で進行する憲法改正論議に異を唱えている*23。

くわえて，かつて，自民党選出の衆議院議員として自治相もつとめた，白川勝彦は，第47回衆議院選挙をまえにした，2014年12月10日，みずからのホームページで，「ファッショというのは，いつも全体主義的で，反自由主義的，非論理的で，なおかつ反文化的であったと，歴史が教えている」としたうえで，「安倍・自公“合体”体制は，“全体主義的で，反自由主義的な思想”と“非論理的で反文化的な手法”で，25％の有権者を取り込もうとしている。マスコミがその先頭に立って，その役割を果たしているのだ」と，自・公連立政権を一刀両断にしている*24。

ところで，マスメディアと全体主義との関連については，宗教学者の島薗進も言及している*25。

> 戦前とパラレルに進んでいる戦後において，全体主義がやはりよみがえるのか，と問われれば，答えはイエスです。もうすでに現在の日本は，いくつかの局面では全体主義の様相を帯びていると考えてもいいでしょう。
>
> もちろん，戦前とは大衆の熱の帯び方が違います。「下からの」というより「上から」静かに統制を強めるような，冷めた全体主義です。
>
> たとえば，NHKはじめマスコミがかなり統制されてきています。それこそ戦前が戻ってきたとも言えるし，中国のメディア状況のようでもあります。我々国民が真実を知ることができず，強要された国家の宣伝に我々は従うようになってきている。つまり，これは全体主義的な傾向でしょう。

このように，安倍政権期の論壇では，保守層もふくめ，同政権を危険視する声がたかまってきていたのである。

3 事典にみる「全体主義」

では，ここで，さまざまな事典などをもとに，「全体主義」ということばの定義をこころみよう。

まずはじめに，『精選版　日本国語大辞典』〔第２巻〕では，「全体主義」(totalitarianism）とは，「個人は全体（国家，民族，階級など）の構成部分として初めて存在意義があると考え，国家権力が個人の私生活にまで干渉したり統制を加えたりする体制，あるいはそれを是認する思想。ナチズム，ファシズムなどに代表される」との説明が付されている*26。また，『広辞苑』〔第６版〕によると，「個人に対する全体（国家・民族）の絶対的優位の主張のもとに諸集団を一元的に組み替え，諸個人を全体の目標に総動員する思想および体制」のことをいうそうだ。そして，この「全体主義を原理とする国家」を「全体主義国家」（＝「全体国家」）とよび，「多くは一国一党制をとる」とされる。「代表的なものはナチス－ドイツ・ファシスト－イタリア」があり，場合によっては，「スターリン時代のソ連を含めることもある」ようだ*27。

では，つぎに，百科事典のなかで，「全体主義」がどのように定義されているのかに着目しよう。たとえば，『ブリタニカ国際大百科事典』には，「全体主義は，『全体』という言葉に示されるように個人の尊厳と個別集団の独立性を排し，全体としての人民，社会，国家などを優先させる思想，運動，さらにはそのような思想と運動に基づいて形成された政治体制をさす，と定義することができる」とある*28。

さらに，同事典には，つぎのようにも記されている*29。

「全体主義的」ないし「全体主義」という言葉の最初の用例は，一九二五年にムッソリーニが演説のなかで「われわれの強烈なる全体主義的意思」として用いたことにあるとされている。ドイツでは，「全体戦争」「全体的動員」のような軍事用語としての使用例があったが，三一年に，のちにナチスの御用法学者になったシュミットがナチスの国家理念を「全体主義的」totalitärと形容している。しかしヒトラーは，イタリア・ファシズムがドイツ・ナチズムの先輩であるかのように解されるのを嫌い，全体主義という言葉を使うときにはいつも頭に「いわゆる」をつけ，むしろ「権威主義」Autoritarismusという語を用いた。他方ソ連では，全体主義という言葉は「ファッショ的」政治体制（ここでは，ファシズムは単にイタリアだけでなく，ドイツ，日本なども含む）にきびしく限定して用いられ，特に第二次世界大戦後，この言葉がソ連の政治体制に対する非難の意味をこめて西欧世界で使われるようになったのに対しては，強く反対している。しかし，ムッソリーニのイタリア，ヒトラーのドイツ，スターリンのソ連は，広く全体主義の原型とみなされるようになった。

また，『世界大百科事典』のなかでは，「〈個〉に対する〈全体〉（国家，民族，階級など）の優位を徹底的に追求しようとする思想・運動・体制をいう」との定義がなされたあと，「〈全体主義〉という表現がファシズムに対する弾劾の言葉として初めて登場したのは，1929年11月2日の《タイムズ》（ロンドン）といわれる。この概念はその後，39年8月の独ソ不可侵条約の成立を経て，イタリアのファシズム，ドイツのナチズムとソビエトのスターリン体制の支配の共通の特質を抽出して告発する言葉」として確立していったと記されている*30。

なお，学説史的には，「40年代初頭には，E.レーデラーの《大衆の国家》(1940)，ノイマンSigmund Neumann（1904-62）《恒久の革命》（1942）など全体主義理論の古典的著作が生まれた。第2次大戦後，とりわけ50年代のいわゆる米ソ冷戦期には，〈全体主義〉理論は，〈自由世界〉を擁護して〈共産主義〉を告発する理論として流布し，H.アレントの《全体主義の起源》(1951)

やフリードリヒCarl J. Friedrich（1901-84），ブレジンスキーZbigniew K. Brzezinski《全体主義独裁と専制支配》（1956）がその代表的著作として東西のイデオロギー的対抗のなかで大きな影響力を発揮した」ようだ*31。

ただ，「この冷戦イデオロギー的な性格の故に，60年代にはこの概念は次第に敬遠されるようになる。さらに，ナチズムやスターリニズムに関する実証史学的研究が進展し，この両者を一括して解釈する枠組自体が問題視されるようになり，ナチズム，スターリニズムの実証的研究の文脈ではその歴史的役割を終えた」と指摘する事典（＝『政治学事典』〔弘文堂〕）もあることを付言しておく*32。

つぎに，政治学関連の事典に目を転じよう。中村哲・丸山真男・辻清明の３名が編集委員となった，『政治学事典』（平凡社）には，「大衆のおくれた観念型態を利用しつつ，超越的観念により，現実の権力関係を遮蔽し，またそれによつて権力的な統合を可能にすると同時に，その権力構造を制度的に固定化するとき，全体主義体制が成立する。そしてこの体制のよつてたつ原理を全体主義という」と定義されている*33。

また，「現実の社会に対立が生じているといないとにかかわらず，人間の思考様式そのものを変えることによって，対立など存在しえない新しい社会に住んでいるのだと人びとに信じさせる企て」を「全体主義」とする『現代政治学小辞典』〔新版〕の定義もある。同辞典によると，「人間の思考様式を変える方式は，イデオロギーによる教化」がもちいられ，その手段としては，「マス・メディアの活用」がなされるそうだ*34。

では，「全体主義」は，どのようにして確立されていったのか。『岩波小辞典　政治　第３版』では，以下のような記述がなされている*35。

> 第一次大戦後ドイツおよびイタリアでは，もともと政治制度としての民主主義を運営してゆくだけの社会的条件が十分でなかった上に，戦後の経済的社会的危機がこれに加わって，政治的混乱を招いた。ファシストは，この政治的混乱が民主政治によって克服されるのではなく，逆に，そのような不安

定こそ民主政治の中核をなす自由主義・合理主義・功利主義等の世界観の所産であると宣伝して，まず自由主義・社会主義・共産主義を弾圧したのちに，すべての政治的自由にたいして圧迫を加えた。その際，新政治体制の理論的根拠として，知性よりも本能に訴える非合理主義的な民族的神秘主義を基礎として，〈民族精神〉〈民族の神話〉〈民族の血と祖国の土〉等を強調した。こうして，全体主義理念の下に，権威国家・指導者国家としての独裁制が確立された。

こうしてみてもわかるように，「全体主義の定義は論者によって異なるが，それは，独裁的な指導者の支配と市民的・政治的自由の否定を伝統的な専制や暴政ならびに権威主義体制と共有しつつ，それらとは異なり，イデオロギーによる政治的な動員が強度になされるとともに，私的領域が破壊され，全面的な政治化が進む。すなわち経済活動や宗教，文化，思想から余暇に至るまで党と国家権力の統制下におこうとする，強制的な画一化がなされることが特色とされる」という（前掲書『政治学事典』〔弘文堂〕）*36。

なかには，『新訂版　現代政治学事典』のなかにある，「今日では，社会組織の内部の個人や集団への抑圧を示す権威主義，独裁，専制政治などの類似の概念と混用されているので，定義し難い。個人的生活や集団的生活のあらゆる諸相を全体的に統制することがその指標となる」といった指摘をする識者もいるほどだ*37。

いずれにせよ，さまざまな事典に共通しているポイントは，「全体主義」が「民主主義を否定する原理」であるという事実であろう*38。

なお，最後に，日本における「全体主義」の特質について付言しておきたい。事典ではないが，政治思想家の藤田省三が興味深い指摘をしているので，それを紹介しておこう*39。

問題の三十年代の全体主義化については，もう今更言うまでもないであろう。一般に比較的気づかれていない点だけを一言しておこう。ナチズムとかファシズムとか言うと，今ではもう，暗い・圧制的な面ばかりをまず思い浮かべるであろうが，広く知られた事実を例として言えば，「ベルリンの祭典」にしても，「ベルリン・オリンピック」にしても華やかと言ってもよいような壮大な空虚を撒き散らしながらそれは出てきたのであった。それ以前の当初からそうだったからこそ（西欧）世界運動としてそれは出発したのであった。日本は，卑俗なものには違いないがその壮大（美？）への憧れがあったからこそ，新しいファシズムやスターリニズムに行動スタイルを含めて追随・模倣しようとしたのであった。

また，前出の『ブリタニカ国際大百科事典』によると，「日本では，全体主義への運動は新しい中心を生み出さず，伝統的な天皇支配への帰一を目指すものとして現れた」とされている*40。

4 『新しい国へ―美しい国へ 完全版―』を読む

はたして，論壇で提起されているように，安倍政権や自民党は，「全体主義」的色彩をおびていたのであろうか。ここでは，2013年1月20日に刊行された，安倍の著作『新しい国へ―美しい国へ　完全版―』を中心に，検証してみたい。

周知のように，安倍が2006年7月21日に刊行した『美しい国へ』は話題作となったが，この『新しい国へ』は，副題にあるとおり，前著『美しい国へ』の「完全版」で，安倍の「政治家としての根本姿勢」をまとめた，『美しい国へ』の「内容には，一切手を加えておりません。今回は，自民党がふたたび政権を奪取するに際して，私が考える具体的政策を，附しました」というものである。そして，安倍は，「この国をどこに導くべきか」について，『新しい国へ』のなかで，「私なりの考えを述べたい」と，「まえがき―『新しい国へ』刊行にあたって―」で述べている*41。それゆえ，同書を読みとくことで，安倍の国家観の一端が浮き彫りになってくると思われる。

さて，安倍の言説を検討するまえに，ここで，安倍のプロフィールを紹介しておこう*42。

安倍は，1954年９月21日，安倍晋太郎・洋子夫妻の二男として生まれた。ちなみに，「名前の『晋』は吉田松陰の弟子，高杉晋作にちなむ」という*43。晋太郎の父は，安倍寛・元衆議院議員で*44，洋子の父は，第56代・第57代内閣総理大臣の職をつとめた，岸信介である（第61・第62・第63代内閣総理大臣の佐藤栄作は，大叔父)。こうした家庭環境もあってか，安倍は，「果たして自分にその能力があるのかという疑問もありました」としつつも，「私も将来は政治家に，と常々感じていました」と述べている*45。さて，1977年に，成蹊大学法学部政治学科を卒業した安倍は，「語学留学のため渡米」し，「南カリフォルニア大学に入学し，政治学を専攻」した*46。そして，1979年に，神戸製鋼所に入社している。３年間の会社員生活をへたのち，安倍は，父・晋太郎の外務大臣秘書官に就任する（1982年)。「楽しい会社員生活でしたが，政治への思いも募り，後に父の秘書になりました」という人生の岐路にあたって，安倍は，「何かを選択するとは何かを捨てることだと実感した」そうだ*47。そうしたなか，晋太郎の死（1991年５月15日）を受けて，1993年７月18日の第40回衆議院選挙に出馬し，当選をはたした*48。このときの様子について，安倍は，「安倍家は代々政治家なので，私が世襲でひ弱だと周囲から囁かれ，対立候補も旧安倍派でしたので，大変厳しい選挙でした。傘もささず，全身ずぶ濡れで必死に遊説していると，その姿を見かけた方々から励ましの温かい言葉をいただきました。そのためか，父の故郷である湯谷町では父のかつての得票数を上回るほど」であったという*49。

そして，政治家となった安倍は，“出世コース”をかけあがり，2000年に内閣官房副長官（第二次森喜朗内閣)，2003年に自民党幹事長，2005年に内閣官房長官（第三次小泉純一郎改造内閣）の要職を歴任した。そして，2006年９月26日，第90代内閣総理大臣へとのぼりつめたのだ*50。だが，周知のように，2007年９月26日に，その職を辞すこととなった。その後，2012年９月26日には，自民党総裁に返り咲き，2012年12月26日，第96代内閣総理大臣として，ふたたび，官邸入りをはたした。

その安倍の著書の特徴ともいえるのが，ことさらに，国家を重要視している事実である。しかも，安倍は，同世代の人間のなかでも，はやいうちから国家の存在に着目していたようで，「わたしは，一九五四年（昭和二十九年）生まれである。団塊と新人類にはさまれた，どちらかというと影の薄い世代で，後年『シラケ世代』などと呼ばれることもあった。しかし，父も祖父も政治家という家庭に育ったから，年を経るにつれ，同世代の他の人たちよりは，どちらかというと国とか国家というものを意識するようになっていた」と記している*51。そうした安倍が，「政治家を志したのは，ほかでもない，わたしがこうありたいと願う国をつくるためにこの道を選んだ」ということで，安倍は，美しい国づくりのために，「この道しかない」との思いをもって，政治家をこころざしたのだ。そうしたつよい思いがあるからこそ，「政治家は実現したいと思う政策と実行力がすべてである。確たる信念に裏打ちされているなら，批判はもとより覚悟のうえだ」との政治姿勢がみちびきだされていった*52。

安倍は，べつの著書でも，「靖国神社の問題は，常に国家の問題を考えさせられます。私たちの自由など，さまざまな権利を担保するものは最終的には国家です。国家が存続するためには，時として身の危険を冒してでも，命を投げうってでも守ろうとする人がいない限り，国家は成り立ちません。その人の歩みを顕彰することを国家が放棄したら，誰が国のために汗や血を流すかということですね」と，国家の重要性について論じている。そして，安倍は，パスポートを例にとり，「これは外交の力を示すものです。外交の力があるかないかで，皆さんが持っているパスポートの価値も変化し，日本国民が海外旅行をする際の安全にも関わってくるのです」と述べるのだ*53。ただ，『新しい国へ』のなかでは，「国民がパスポートをもつことによって国家の保護を受けられるということは，裏を返せば，個々人にも，応分の義務が生じるということでもある」と，国民のはたすべき義務の存在を指摘する*54。もしかすると，こうした安倍の思いは，自民党憲法改正草案のなかの「この憲法が国民に保障する自由及び権利は，国民の不断の努力により，保持されなければならない。国民は，これを濫用してはならず，自由及び権利には責任及び義務が伴うことを自覚し，常に公益及び公の秩序に反してはならない」（第12条：「国民の責務」）といった条文などに結実しているのかもしれない*55。

ちなみに，自民党憲法改正草案との関連でいうと，「国家と国民は対立関係にあるのではなく，相関関係にある，というべきだろう」と述べる安倍が*56，「個人の自由と国家との関係は，自由主義国家においても，ときには緊張関係ともなりうる。しかし，個人の自由を担保しているのは国家なのである。それらの機能が他国の支配によって停止させられれば，天賦の権利が制限されてしまうのは自明であろう」と語っているが*57，自民党の作成した，「日本国憲法改正草案　Q＆A」〔増補版〕には，「人権規定も，我が国の歴史，文化，伝統を踏まえたものであることも必要だと考えます。現行憲法の規定の中には，西欧の天賦人権説に基づいて規定されていると思われるものが散見されることから，こうした規定は改める必要があると考えました」（傍点，引用者）との記述がなされている*58。ということは，現在，日本が他国の支配下にないにもかかわらず，自民党の憲法改正草案では，「天賦の権利」が制限されるというかたちになっている。そのため，自民党憲法改正草案をめぐっては，「個人の権利・自由にたいして全体の利益が優先するという政治の原理およびその体制」を追求する*59，「全体主義」の文脈でとらえることができるとの見解もでてくるということになろう。

天賦人権説にくわえて，憲法学界で常識とされる，立憲主義の考え方についても，安倍は，「憲法の議論でよく言われるのは，憲法というのは国の権力を縛るものだという考え方です。しかしこれはある意味，古色蒼然とした考え方であって，専制主義的な王制があった時代では，憲法はたしかに権力者に対して権力の行使を縛るものでした」との異論をはさんでいる*60。こうした認識は，自民党憲法改正草案のなかの国民による「憲法尊重擁護義務」―「全て国民は，この憲法を尊重しなければならない」（自民党憲法改正草案・

第102条１項）―につながるとみてよい。もしかすると，このような動きが，「日本の国は，戦後半世紀以上にわたって，自由と民主主義，そして基本的人権を守り，国際平和に貢献してきた。当たり前のようだが，世界は，日本人のそうした行動をしっかりみているのである。日本人自身がつくりあげたこの国のかたちに，わたしたちは堂々と胸を張るべきであろう。わたしたちは，こういう国のありかたを，今後もけっして変えるつもりはないのだから」（傍点，引用者）という，安倍の発言とのあいだに，齟齬があると判断され，「全体主義」との批判を受けているのかもしれない*61。

ところで，1951年９月８日に締結された日米安全保障条約について，「日本に内乱が起きたときは，米軍が出動できることになっていたり，アメリカ人が日本国内で犯罪をおかしても，日本には裁判権がないなど，独立国とは名ばかりの，いかにも隷属的な条約を結んでいたのだった」と記しているように，安倍は，この当時の日本は，独立国家としての体をなしていないとの認識をいだいていたようだ。それゆえ，安保改定というかたちで，「この片務的な条約を対等にちかい条約にして，まず独立国家の要件を満たそうとしていた」，祖父・岸の姿をたかく評価するというスタンスがみちびきだされる*62。くわえて，安倍の考えでは，集団的自衛権の行使を容認し，日米両国の「双務性を高めることは，信頼の絆を強め，より対等な関係をつくりあげることにつながる」そうだ*63。その意味でも，安倍は，「安全保障について考える，つまり日本を守るということは，とりもなおさず，その体制の基盤である自由と民主主義を守ることである」と強調する*64。こうした過程をへて，「この国に生まれ育ったのだから，わたしは，この国に自信をもって生きていきたい」という気もちをかたちにしていこうということになるのであろう*65。

さらに，「わが国の安全保障と憲法との乖離を解釈でしのぐのは，もはや限界にある」とする安倍にとって*66，“普通の国”となるうえで不可避なのが，「国の骨格は，日本国民自らの手で，白地からつくりださなければならない。そうしてこそはじめて，真の独立が回復できる」とする，“押しつけ憲法”

からの脱却＝憲法改正なのであろう*67。なかでも，「当時，草案づくりにあたった民政局ですら首をかしげたといわれる憲法第九条の規定は，いっぽうで独立国としての要件を欠くことになった」との文言からわかるように，憲法改正の核心を第9条と考えているのだ*68。ただ，安倍は，べつの著作で，「世界を見れば国防軍は当たり前の話」としつつも，「自民党の憲法草案では九条第一項に関しては字句の整理をしたくらいで，平和主義，戦争放棄という考え方自体は変えない」と断じている*69。だが，自民党憲法改正草案の第9条の2には，あらたに，「我が国の平和と独立並びに国及び国民の安全を確保するため，内閣総理大臣を最高指揮官とする国防軍を保持する」という規定がもうけられているため，安倍政治の方向性を「全体主義」ととらえるむきもあったにちがいない。

また，安倍は，「戦後日本は，六十年前の戦争の原因と敗戦の理由をひたすら国家主義に求めた。その結果，戦後の日本人の心性のどこかに，国家＝悪という方程式がビルトインされてしまった。だから，国家的見地からの発想がなかなかできない。いやむしろ忌避するような傾向が強い。戦後教育の蹉跌のひとつである」と論じ，日本人の愛国心のなさの原因を「自虐的な偏向教育」という“悪”に求める*70。その戦後教育の弊害の例として，安倍が注目するのが，「日本青少年研究所が日本・アメリカ・中国の高校生を対象におこなった『高校生の学習意識と日常生活』（二〇〇四年）という調査」の結果である。同調査中の「国に対して誇りをもっているか」という設問に対して，「『もっている』と答えた者が，日本は五〇・九パーセントであったのにたいし，米国は七〇・九パーセント（中国七九・四パーセント）」という数字に，「衝撃を受けた」という*71。また，べつの書籍で，安倍は，「日本，中国，アメリカの子供たちを対象にした」，総理府の意識調査でも，「『あなたたちは自分の国のために何かしたいと考えていますか』という問いに対して，『はい』と答えた日本の子供たちは，残念ながら五〇％に満たなかった」事実を問題視している*72。そして，この数字の原因について，「日本という国が悪い国だと教えられれば，日本のために尽くそうとは思うはずがありません。そして，日本人として自分の国の文化や伝統に自信を持たなければ，自分自身に対する自信も自尊心も芽生えるはずがありません。これは明らかなことでしょう」と分析し，「だからこそ私たちは，教育基本法を改正した」と語っている*73。安倍にとって，「教育の目的は，志ある国民を育て，品格ある国家をつくること」であって，「教育の再興は国家の任である」のだ*74。ここでも，国家というキーワードが前面におしだされていることがみてとれる。

さて，ある識者によると，かつての「天皇を中心とした『家族的共同体国家』観こそ，日本の全体主義イデオロギーのもっともいちじるしい特徴をなしていたことは間違いない」そうだ*75。安倍の著作からは，こうしたにおいを感じとることもできる。現に，「日本の歴史は，天皇を縦糸にして織られてきた長大なタペストリーだといった。日本の国柄をあらわす根幹が天皇制である」「戦後の日本社会が基本的に安定性を失わなかったのは，行政府の長とは違う『天皇』という微動だにしない存在があってはじめて可能だったのではないか」「アメリカという国には，日本のように百二十五代にわたって天皇を戴いてきたという歴史があるわけではない」といった記述などは，その好例といえよう*76。また，べつの著作において，安倍は，「天皇陛下の権威は日本国の権威である」とまで断じている*77。その意味において，自民党憲法改正草案のなかにある，「日本国は，長い歴史と固有の文化を持ち，国民統合の象徴である天皇を戴く国家であって，国民主権の下，立法，行政及び司法の三権分立に基づいて統治される」（前文）という記述や第１条の「天皇は，日本国の元首であり，日本国及び日本国民統合の象徴であって，その地位は，主権の存する日本国民の総意に基づく」という文言などは，まさに，「全体主義」の様相をおびた表現といわれても否定しがたいのかもしれない*78。

くわえて，安倍は，皇室のあり方について，「二千年以上にわたって連綿と続いてきた皇室の歴史は，世界に比類のないものである。そして皇位はすべて『男系』によって継承されてきた」としたうえで，「私は，皇室の歴史と断絶した『女系天皇』には，明確に反対である」と主張している*79。こうした思いをもつこともあってか，「ジェンダーフリーは明らかに間違いだ」「ジェンダーフリーを進めている人たちは，結婚や家族の価値を認めていないと思える。子供たちに行われている教育は決して笑い話ではない。家族の破壊だ」とまでいいきるのだ*80。自分なりの理想の家族像を有する安倍の考えの一端は，自民党憲法改正草案・第24条１項の「家族は，社会の自然かつ基礎的な単位として，尊重される。家族は，互いに助け合わなければならない」という規定にもみてとれるのかもしれない。

5 結び

本章では，「全体主義」という観点から，安倍の著作『新しい国へ―美しい国へ　完全版―』を解読した。先述したように，「全体主義という言葉には強いイデオロギー的含意があり，その言葉を使うこと自体が一つの態度決定を意味しているから，そのことに注意して用いなければならない」ことはいうまでもない。だが，第２節でみたように，これほどまでに多くの場で，日本政治の状況を「全体主義」という語で形容する論調が多いことは看過できない事実である。したがって，今後，われわれは，日本が全体主義的な色彩をよりつよめていくことになるのかどうかをめぐって，注意深くみまもっていく必要があるのではなかろうか。なぜなら，「全体主義は，一つの完成したものとしてではなく，絶えざる全体主義化への過程とみなければならない」からである*81。

最後に，「全体主義を一党支配，あるいは国家が社会を呑みつくす現象ととらえる俗見」とはべつに，「指導者という中心的な存在が自らの党と国家を破壊して，私的支配をしくこと」と分析した，レオナード・シャピーロのことばを紹介しておこう*82。

おそらく概念としては，全体主義はとらえどころがなく，定義しにくく，デマゴーグに濫用されやすく，もし誤って用いられると，政体の取りうる多くの形態の霞を通して道を探そうとしているわれわれに混乱の源になる。しかし，その概念なくしてはわれわれはそれだけ貧困になるであろう。少なくとも，一人の個人の熱狂，傲慢さ，野望，横柄さが何百万の男女を狂気と苦痛と恐怖と破滅に陥し込むことができる時代にあって，諸国民の歴史，おそらくはすべての国民の歴史に複数の段階があることを想起させる手だてを失うことになるからである。

注

＊1　『朝日新聞』〔大阪版〕2015年５月26日，37面。

＊2　自由民主党「日本国憲法改正草案（現行憲法対照）」(2012年４月27日)（https://www.jimin.jp/policy/policy_topics/pdf/seisaku-109.pdf〔2016年８月30日〕)，5-6頁。

＊3　河合秀和「全体主義」『ブリタニカ国際大百科事典　10』（ティビーエス・ブリタニカ，1995年)，663頁。

＊4　《朝日新聞デジタル》(2015年10月９日)。なお，「１億総活躍」ということばをめぐって，政治コラムニストの後藤謙次は，「１億総活躍という耳慣れない言葉に『皆さんが不思議だと思っている』（自民党総務会長の二階俊博）など，身内からも意味不明との声が漏れる。さらに戦時中の『１億総特攻』『１億総動員』など全体主義的な印象を与えるとして批判も噴出だ。支持する声より否定的な見方が圧倒的に多い」と述べている（『週刊ダイヤモンド』2015年10月24日号，112頁)。

＊5　『週刊朝日』2013年12月27日号，27頁。なお，保阪は，自民党の憲法改正草案にも否定的なスタンスで，「自民党の憲法改正草案が堂々と前に出て，国民投票をすることになれば，完全に民主主義が終わったということになります」とまで語っている（『北海道新聞』2016年９月27日，23面)。

＊6　愛媛県上島町議会の資料。

＊7　『朝日新聞』2013年12月13日，21面。

＊8　山口二郎「安倍流改憲は日本をどこに連れて行くのか」樋口陽一・山口二郎編『安倍流改憲にNOを！』(岩波書店，2015年)，211頁および218頁。

＊9　山口二郎「安倍的全体主義はどこから来て，どこへ行くのか」海渡雄一・川内博史・木村朗・熊野直樹・白井聡・想田和弘・成澤宗男・森達也・山口二郎著『「開

戦前夜」のファシズムに抗して』(かもがわ出版, 2015年), 25頁および27頁。なお, 同論文のなかで, 民主党政権樹立の“立役者”の一人ともいうべき山口が,「政権交代と, その好機をつぶした民主党が安倍的ファシズムを用意したということもできる」と述べているのは, 注目にあたいする(同上, 21頁)。

＊10 佐高信編『安倍「壊憲」政権に異議あり―保守からの発言―』(河出書房新社, 2015年), 18頁および25頁。

＊11 『「反戦情報」号外　小森陽一　憲法・教育・現代社会を語る』(反戦情報編集部, 2008年), 79頁および105頁。

＊12 『新潮』2015年5月号, 139頁。

＊13 想田和弘「『熱狂なきファシズム』に抵抗するために」海渡・川内・木村・熊野・白井・想田・成澤・森・山口著, 前掲書『「開戦前夜」のファシズムに抗して』, 41-42頁。

＊14 『沖縄タイムス』2015年11月24日, 2面。

＊15 同上, 2015年6月27日, 5面。

＊16 『朝日新聞』〔岩手全県版〕2015年7月9日, 25面。

＊17 『琉球新報』2015年8月9日, 2面。

＊18 副島隆彦・佐藤優『崩れゆく世界　生き延びる知恵』(キャップス, 2015年), 18頁および21-22頁。ちなみに, 佐藤の対談者である評論家・副島隆彦は,「これからの日本は, 金融政策(異次元の量的緩和。即ちジャブジャブマネー)を中心に統制経済をもっともっとやって, 全体主義(トータリテリアニズム)への道を歩むでしょう」との予測を披露している(同上, 22頁)。

＊19 『朝日新聞』2015年9月23日, 30面。

＊20 http://yoshinori-kobayashi.com/8057/ (2016年8月30日)。

＊21 『毎日新聞』2015年7月21日, 26面。なお, 小林は, この件に関する毎日新聞社の取材に対して,「国民には言論の自由があり, 民主主義の根幹をなしている。(自民党は) 全体主義になっている」と, 語ったという(同上)。

＊22 『朝日新聞』2016年7月11日, 18面。

＊23 『週刊朝日』2015年5月29日号, 24頁。

＊24 http://www.liberal-shirakawa.net/tsurezuregusa/index.php?itemid=1658 (2016年8月30日)。なお, 白川は, 特定秘密保護法の審議にふれて,「安倍首相のもとに簡単に進み, 全体主義につながるような怖さがある」とも述べている(『朝日新聞』2013年11月28日, 38面)。

＊25 中島岳志・島薗進『愛国と信仰の構造―全体主義はよみがえるのか―』(集英社, 2016年), 253頁。

＊26 小学館国語辞典編集部編『精選版　日本国語大辞典』〔第2巻〕(小学館, 2006

年），1033頁。
＊27　新村出編『広辞苑』〔第6版〕（岩波書店，2008年），1601頁。
＊28　河合，前掲「全体主義」前掲書『ブリタニカ国際大百科事典　10』，662頁。
＊29　同上。
＊30　山口定「全体主義」『世界大百科事典』〔改訂新版〕第16巻（平凡社，2007年），140頁。
＊31　同上。
＊32　川崎修「全体主義」猪口孝＝大澤真幸＝岡沢憲芙＝山本吉宣＝スティーブン・R・リード編『政治学事典』（弘文堂，2000年），659頁。
＊33　下中邦彦編『政治学事典』（平凡社，1954年），804頁。
＊34　阿部齊「全体主義」阿部齊・内田満・高柳先男編『現代政治学小辞典』〔新版〕（有斐閣，1999年），271頁。
＊35　辻清明編『岩波小辞典　政治　第3版』（岩波書店，1975年），148頁。
＊36　川崎，前掲「全体主義」猪口＝大澤＝岡沢＝山本＝リード編，前掲書『政治学事典』，659頁。
＊37　柳沢謙次「全体主義」大学教育社編『新訂版　現代政治学事典』（ブレーン出版，1998年），594頁。
＊38　辻編，前掲書『岩波小辞典　政治　第3版』，148頁。
＊39　藤田省三『全体主義の時代経験』（みすず書房，1995年），61頁。
＊40　河合，前掲「全体主義」前掲書『ブリタニカ国際大百科事典　10』，663頁。
＊41　安倍晋三『新しい国へ―美しい国へ　完全版―』（文藝春秋，2013年），5頁。
＊42　http://www.s-abe.or.jp/profile（2016年8月30日）およびhttp://www.kantei.go.jp/jp/96_abe/meibo/daijin/abe_shinzo.html（2016年8月30日）。
＊43　『読売新聞』2006年9月21日，13面。
＊44　安倍寛は，「戦時中，翼賛選挙に抗して軍部の弾圧を受けながら代議士を続けた」人物である（安倍，前掲書『新しい国へ』，220頁）。
＊45　海竜社編集部編『軌跡　安倍晋三語録』（海竜社，2013年），23頁。
＊46　同上，162頁。興味深いことに，安倍個人のホームページや首相官邸のホームページのプロフィール欄をみても，なぜか，米国留学については明記されていない。
＊47　同上，14頁および23頁。
＊48　安倍によれば，「私が父の秘書をしているときに，急死した参院議員の後継者をめぐって，私に，ぜひ立候補しないかという話があった」らしく，「私は固辞したのですが，その頃，入院していた祖父（岸信介）から病室に呼ばれました。亡くなる半年くらい前のことでしたが，『政治をやる志があるのなら，若いうちにチャンスがあれば勇気を持って決断しなければ駄目だ。その選挙に出たらどうだ』

と言われたのです。私は祖父に，『私は父と一緒に政治家をやるわけにはいかないし，父自身が総裁を目指していますから，結果として足を引っ張ることになりかねない』と伝えると，『おお，そうか。それは自分で決めたらよい』と言われました」という逸話があるようだ（同上，103-104頁）。

*49　同上，22頁。

*50　ちなみに，安倍は，「総理総裁を目指すべきかどうか，具体的に意識するようになったのは，幹事長を辞めて，幹事長代理になった頃です（二〇〇四年九月，参議院選挙で民主党に敗北した責任を取る形で辞任）」と語っている（同上，98頁）。

*51　安倍，前掲書『新しい国へ』，23頁。

*52　同上，44頁。

*53　安倍晋三・岡崎久彦『この国を守る決意』（扶桑社，2004年），150頁。

*54　安倍，前掲書『新しい国へ』，68頁。

*55　自由民主党，前掲「日本国憲法改正草案（現行憲法対照）」，25頁。

*56　安倍，前掲書『新しい国へ』，69頁。

*57　同上，67頁。

*58　自由民主党「日本国憲法改正草案　Ｑ＆Ａ」〔増補版〕（2013年10月）（https://jimin.ncss.nifty.com/pdf/pamphlet/kenpou_qa.pdf〔2016年８月30日〕），13頁。

*59　辻編，前掲書『岩波小辞典　政治　第３版』，148頁。

*60　安倍晋三・百田尚樹『日本よ，世界の真ん中で咲き誇れ』（ワック，2013年），44頁。

*61　安倍，前掲書『新しい国へ』，73頁。

*62　同上，27-28頁。

*63　同上，135頁。

*64　同上，70頁。

*65　同上，30頁。

*66　同上，138頁。

*67　同上，33頁。

*68　同上，127頁。

*69　安倍・百田，前掲書『日本よ，世界の真ん中で咲き誇れ』，36頁および39頁。

*70　安倍，前掲書『新しい国へ』，204頁。

*71　同上，209頁。

*72　海竜社編集部編，前掲書『軌跡　安倍晋三語録』，75-76頁。なお，おなじ質問に，「中国やアメリカは八〇％以上が『はい』と答えています」とのことだ（同上，76頁）。

*73　同上，76頁。

＊74 安倍，前掲書『新しい国へ』，209頁。

＊75 柴田敏夫「全体主義―日本ファシズムのイデオロギー―」河原宏・浅沼和典・竹山護夫・浜口晴彦・柴田敏夫・星野昭吉『日本のファシズム』（有斐閣，1979年），208頁。

＊76 安倍，前掲書『新しい国へ』，105頁，107頁および125頁。

＊77 海竜社編集部編，前掲書『軌跡 安倍晋三語録』，93頁。

＊78 自由民主党，前掲「日本国憲法改正草案（現行憲法対照）」，1-2頁。

＊79 海竜社編集部編，前掲書『軌跡 安倍晋三語録』，82-83頁。

＊80 同上，69頁および71頁。

＊81 河合，前掲「全体主義」前掲書『ブリタニカ国際大百科事典 10』，663頁。

＊82 レオナード・シャピーロ著，河合秀和訳『全体主義』（福村出版，1977年），171-172頁および189頁。

Topics 1 歴史はくり返す？

2014年12月14日におこなわれた第47回衆議院議員総選挙の折りの自民党の「政権公約2014」の表紙には，安倍晋三首相の顔写真とともに，「景気回復，この道しかない。」ということばが明記されていた＊1。だが，安倍にとっては，景気回復以外でも，「この道しかない」事例は多いようである。その好例が，憲法改正への“挑戦”であり，安保法制という“実績”といえよう。

これまでの安保法制をめぐる議論をみると，ゆゆしき発言が数多くなされてきたことは，周知のとおりである。例をあげれば枚挙にいとまがないが，ここでは，学者に関連するものに注目してみたい。たとえば，安倍は，国会での審議において，「政治家に期待される役割あるいは責任は，憲法学者の役割とは別であろう，このように思います」と答弁したり＊2，自民党のインターネット動画配信スタジオ「カフェスタ」の特別番組でも，「憲法学者の役割，責任と，政治家のそれとは違う」との認識を強調していた＊3。

また，2015年6月11日の憲法審査会の席上，自民党の高村正彦・副総裁は，「私たちは，憲法を遵守する義務があり，憲法の番人である最高裁判決で示された法理に従って，国民の命と平和な暮らしを守り抜くために，自衛のための必要な措置が何であるかについて考え抜く責務があります。これを行うのは，憲法学者でなく，我々のような政治家なのです」と述べたのであった＊4。

こうした一連の発言を聞いていて，ふと想起したことがある。それは，「この問題はすでに政治の問題になっているので，象牙の塔にある南原氏が，政治的表現をするのは日本にとってむしろ有害である」「政治問題に対して学問の立場から斯の如き反論を出すことそれ自体，非民主的といわれても已むを得まい」とする，当時の佐藤栄作・自由党幹事長の声明である＊5。この佐藤幹事長のコメントは，サンフランシスコ講和会議にあたって，全面講和論を唱えた南原繁・東京大学総長に投げかけられたものである。時代のちがいはあるとはいえ，安保法制をめぐる政治家の発言を聞いていると，歴史はくり返すという思いをつよくしてならない。要するに，いつの時代においても，一部の政治家のこころのなかでは，学者が現実政治に発言することをよしとしない風潮があるということだ。

そうした思いの一端が，「特に教員養成系学部・大学院，人文社会科学系学部・大学院については，18歳人口の減少や人材需要，教育研究水準の確保，国立大学としての役割等を踏まえた組織見直し計画を策定し，組織の廃止や社会的要請の高い分野への転換に積極的に取り組むよう努めることとする」，2015年6月8日付の「国立大学法人等の組織及び業務全般の見直しについて（通知）」というかたちであらわれているのかもしれない[*6]。ここには，現実政治に余計な口だしをする学者の数を少しでも減らそうとのねらいが，みえ隠れしているような気がしてならない。

ところで，南原は，かつて，「現代政界を通じ，何が喫緊なといって，政治社会に科学的真理性の尊重されねばならぬごときはないであろう。政治は決して権力目的への手段や術策ではなくして，人類共同生活のより善き秩序の建設，究極において真なるもの・善なるもの・美なるもの・しかり，聖なるものとさえの内的連関を有する世界秩序の問題―したがってそれ自身理性の客観的秩序にかかわる問題である。われわれはかような高い政治的秩序とその客観的真理性を蹂躙することはできぬ。もし，そうすれば，いつかは真理自身によって報復される日が来るであろう」と語ったことがある[*7]。その意味で，憲法第9条という《真理》を愚弄しようとする安倍に対して，第24回参議院議員通常選挙（2016年7月10日）において，有権者は票を投じないという“報復”をする必要があるのではなかろうか。そうしないことには，歴史はくり返すのみならず，事態はますます悪化の一途をたどっていくだけでしかないのだ。

だが，現実には，自民党の選挙区における得票率こそ2.8ポイント（第23回：42.74%，第24回：39.94%）さがっているものの，比例代表では，第23回の34.68%から35.91%へと，わずかながらではあるが，得票率をアップさせたのだ[*8]。

注

＊1　http://jimin.ncss.nifty.com/2014/political_promise/sen_shu47_promise.pdf（2016年2月10日）。

＊2　『第百八十九回国会　衆議院我が国及び国際社会の平和安全法制に関する特別委員会議録　第十七号』2015年7月3日，2頁。

＊3　https://www.jimin.jp/activity/colum/128310.html（2016年2月10日）。

＊4　『第百八十九回国会　衆議院憲法審査会議録　第四号』2015年6月11日，2頁。

＊5　吉田茂『回想十年　4』（中央公論社，1998年），356頁。

＊6　「国立大学法人等の組織及び業務全般の見直しについて（通知）　見直しの考え方・方向性」（http://www.mext.go.jp/b_menu/shingi/chousa/koutou/062/gijiroku/__icsFiles/afieldfile/2015/06/16/1358924_3_1.pdf〔2016年2月10日〕）。

＊7　南原繁『南原繁著作集』〔第六巻〕（岩波書店，1972年），17-18頁。

＊8　総務省自治行政局選挙部「平成28年7月10日執行　参議院議員通常選挙　結果調」，23頁。

第2章

安倍政権と農業政策
ー「国益」とはなにか？ー

1 はじめに

2018年１月22日にスタートした，第196回国会（常会）の初日，安倍晋三首相は，施政方針演説をおこなった。そのなかで，安倍は，農業政策について，以下のように語った*1。

> 攻めの農政によって，農林水産物の輸出は，五年連続で過去最高を更新するペースです。生産農業所得は直近で三兆八千億円となり，過去十八年で最も高い水準となっています。四十代以下の若手新規就農者は，統計開始以来，初めて三年連続で二万人を超えました。
>
> 農林水産業全般にわたって改革を力強く進めることで，若者が，夢や希望を持てる，農業，林業，そして水産業を，「農林水産新時代」を，皆さん，共に，築いていこうではありませんか。

この安倍の発言をみているかぎり，日本の農業は繁栄しており，未来もバラ色という印象を受ける。だが，現実に，日本の農業には，ほかの国々と競いあうだけのパワーがあるのであろうか*2。これが，本章の問題意識である。こうした疑問をもつのも，たとえば，２月９日に，農林水産省が，「2017年の農林水産物・食品の輸出額（速報値）が8073億円（前年比７・６％増）だったと発表した」ことを報じた『毎日新聞』の記事のなかで，「ただ，政府が掲げる『19年に1兆円』の目標が達成できるかは不透明」との指摘がなされていたからである*3。

さて，論述の順序であるが，まずはじめに，かつて日本国内で大きな話題となっていたTPPに注目したい。つぎに，「国益」と食料自給率の問題をとりあげたのち，最後に，安倍と食料安全保障との関係について論じてみようと考えている。

2 TPPをめぐる争点

（1）TPPという「外圧」

ここで，「年次改革要望書」とよばれる文書についてふれておきたい。この「『年次改革要望書』とは，「一九九三年の宮澤・クリントン日米首脳会談で合意された『日米経済包括協議』を根拠として，翌九四年，村山政権時代に開始された。日米両国政府が相手国の内政課題に関する要望事項を五〇頁ほどの文書にまとめて毎年秋に交換しあうもので，麻生政権までは外務省や在日米国大使館の公式サイトで公表されてきた」文書である*4。2008年までのあいだに，都合15回だされた「年次改革要望書」に目をやると，興味深い事実が浮き彫りとなってくる。日本側の米国に対する要求事項はそれほど深刻なものが記されていないにもかかわらず，米国側の対日要求をみると，日米経済摩擦はなやかなりしころとおなじような“注文”が羅列されているのだ。たとえば，1996年の「年次改革要望書」には，「郵政省のような政府機関が，民間保険会社と直接競合する保険業務に携わることを禁止する」や「主たる海外市場で栄養補給剤として販売されている製品を，日本国内で食品として販売することを許可する。国際的な医薬品専門家によって明らかに医薬品として認められた製品のみを医薬品の規制下で取り扱うべきである」

など，米国側からの「外圧」のオンパレードといっても過言ではない記述があふれている*5。

すでに紹介したように，この「年次改革要望書」の交換は，2008年を最後におこなわれていない。ということは，米国からの厳しい「外圧」はやんだと考えるべきなのであろうか。現実には，自民党にとってかわった民主党政権下では，「日米経済調和対話」と名前を変え，「年次改革要望書」の精神は存続していったのである。それが，TPPとなって，あらわれてきたことはいうまでもない。その証左に，ある外務省関係者も，「日米経済調和対話」は，「おそらくTPP交渉に発展的に統合されているのではないでしょうか。それまでは二国間のバイでいろんな分野での交渉が進められておりましたが，現在は，政府をあげてTPPの枠内で各分野の交渉が行われている」と論じていたほどだ*6。だが，ドナルド･トランプ政権の誕生とともに，米国はTPPからの離脱を表明したこともあって，今後，米国からの「外圧」は，「日米経済対話」などの場でみられることとなるにちがいない。ここでいう，「日米経済対話」とは，「日本及び米国は，両国間の貿易・投資関係双方の深化と，アジア太平洋地域における貿易，経済成長及び高い基準の促進に向けた両国の継続的努力の重要性を再確認した。この目的のため，また，米国が環太平洋パートナーシップ（TPP）から離脱した点に留意し，両首脳は，これらの共有された目的を達成するための最善の方法を探求することを誓約した。これには，日米間で二国間の枠組みに関して議論を行うこと，また，日本が既存のイニシアティブを基礎として地域レベルの進展を引き続き推進することを含む」としたうえで，「両首脳は，上記及びその他の課題を議論するための経済対話に両国が従事することを決定した」とする安倍･トランプ会談後の日米共同声明（2017年2月10日）において表明された枠組みである*7。要するに，ディール（取引）を得意とするトランプは，TPPという多国間での話し合いから「日米経済対話」といった二国間協議へと，大きくかじを切ったといえよう。

（2）TPPの日本語訳

上記のような変遷があるにせよ，TPPをめぐるかけひきが日米間で展開されてきたことは事実であり，ここで，TPPの問題について着目してみたい。

まずはじめに，TPPをめぐる課題を論じるにあたって，確認しておきたいことがある。それは，このTPPの訳語が，新聞によって異なっているという事実である。たとえば，『朝日新聞』，『日本経済新聞』，『読売新聞』の3紙は，「環太平洋経済連携協定」という和訳をあてている。また，『産経新聞』の場合，「環太平洋戦略的経済連携協定」と訳している。『毎日新聞』にいたっては，これらとは異なり，「環太平洋パートナーシップ協定」という日本語訳を付している。TPPによって大きな打撃を受けるとされているのが，“農業王国”・北海道であるが，地元の『北海道新聞』では，「環太平洋連携協定」とされている。

では，公的な機関は，TPPをどう訳しているのであろうか。外務省のホームページでは，「環太平洋パートナーシップ（TPP）協定」と記されているし*8，経済産業省のそれでは，「TPP（環太平洋パートナーシップ）」となっている*9。ここで，首相官邸のホームページをみても，「TPPとは，環太平洋パートナーシップ（Trans-Pacific Partnership）の略称です」とあり，新聞各紙との和訳にちがいがあることがわかる*10。過去の英語の略称をみても，新聞社によって，ここまでひらきがあることはめずらしいのではなかろうか。おなじ疑問をいだく人もいるようで，「国立国会図書館が全国の図書館等と協同で構築している，調べ物のためのデータベース」には*11，豊中市立図書館（大阪府）から提供された，「TPPは，正式には英語でなんというか。また，報道各社によって日本語の名称が違うのはなぜか。読売新聞では『環太平洋経済連携協定』となっているが，テレビや新聞他社などで，『環太平洋戦略的経済連携協定』となったり，『環太平洋パートナーシップ協定』となったりしていて，正確な名称がわからない」とする質問が掲載されている。

そして，同図書館の回答としては，「TPPはTrans-Pacific Partnership（環太平洋パートナーシップ協定）の略。国家戦略室の資料『包括的経済連携の現状について』によると，Trans-Pacific Strategic Economic Partnership（シンガポール・チリ・ニュージーランド・ブルネイによる4か国協定）が2006年に発効。これに米国・オーストラリア・ペルー・ベトナムを加えたTrans-Pacific Partnershipの交渉が2010年3月から開始され，2010年10月にマレーシアが交渉に参加とのこと。2011年11月に日本が参加を表明したのは，このTrans-Pacific Partnershipにあたる。報道各社によるTPPの訳語のゆれについては，読売テレビ放送道浦俊彦アナウンサーのブログより，各社がわかりやすさなどを考慮した結果であると考えられる」とされている*12。

この豊中市立図書館の回答によると，「報道各社によるTPPの訳語のゆれ」は，「各社がわかりやすさなどを考慮した結果」とのことであるが，はたしてそれだけなのであろうか。はやい段階から，政府側が，的確な公定訳を示さなかった点やTPPへの賛否の距離感によって，新聞各社の対応が異なっているような気がしてならない。たとえば，『産経新聞』の「環太平洋戦略的経済連携協定」と聞くと，産業競争力をつけるという戦略的見地からも，TPPが日本に必要不可欠なものといった印象を受ける。また，日本政府のいう，「環太平洋パートナーシップ」だけであれば，中立的かつ協調的なイメージしかもち得ないのである。こうした肯定的な日本語訳をもちいることで，TPPへの不安を払拭しようとの意図がはたらいているように思えてならない。

（3）TPPをめぐる新聞報道

安倍政権への評価をめぐって，『朝日新聞』と『読売新聞』が，一種“犬猿の仲”であったことは，周知の事実である。だが，TPPに関しては，両紙のスタンスはきわめてにかよっているといえる。たとえば，『朝日新聞』の「（社説）TPP交渉　守りの国益論を超えて」では，以下のような主張がなされている*13。

環太平洋経済連携協定（TPP）の18回目の交渉が，マレーシアで行われている。今回が初参加となる日本は，米国による承認手続きを待って，会合の終盤に加わる予定だ。

TPPをめぐっては常に「国益」が叫ばれてきた。反対派は「国益を損なう」と主張し，賛成派も「国益はしっかり守る」と強調する。

そうした国益論の大半は，高い関税で守ってきたコメをはじめとする農産品の保護問題に集中し，「守り」の議論ばかりが目立つ。

だが，TPPの交渉分野は関税の削減・撤廃にとどまらず，金融や通信といったサービス取引，投資の促進と保護，競争政策，知的財産権など幅広い。

「総合的に消費者の利益につながるか」という視点を基本に，ルールづくりにかかわる。分野ごとの利害得失を分析し，マイナスの影響が予想される場合は，必要な対策を検討していく。政府はこうした姿勢を貫かなければならない。

心配なのは，政府を支え，監視する役回りの国会が，守りの国益論に縛られているように見えることだ。

ここで，注目したいのは，最後の一文である。『朝日新聞』は，「心配なのは，政府を支え，監視する役回りの国会が，守りの国益論に縛られているように見えることだ」と論じている。要するに，TPPに積極的に関与していかないことこそが，「守りの国益論に縛られている」状態であり，「心配」すべき事態という考え方がみてとれる。これとおなじ文脈で語られているのが，『読売新聞』の「［社説］TPP交渉参加　攻守両にらみ戦略で挽回せよ」である*14。

自民党は参院選で，コメ，麦など「農産物５品目の聖域を最優先する」と主張した。

全国農業協同組合中央会（JA全中）出身の山田俊男参院議員が比例選の上位で再選され，国益を守り抜くよう求めている。TPP反対を掲げた鹿児島選挙区の尾辻秀久参院議員も5選された。

党内にはなおTPP反対論がくすぶるものの，政府・自民党が急ぐべきは，一層の市場開放に備えて，農業の競争力を強化する具体策を推進することである。

TPPは高水準の自由化が目標で，コメなど全てを関税撤廃の例外扱いとして守ることが日本の国益に資するとは限らない。バランスの取れた戦略が必要だ。

「コメなど全てを関税撤廃の例外扱いとして守ることが日本の国益に資するとは限らない」とする『読売新聞』のスタンスは，日本がTPPにくわわることこそ，日本の自動車産業などにプラスにはたらくもので，第一次産業をまもるために，そうしたチャンスを失するべきではないというものだ。ここからは，『朝日新聞』とおなじ発想をみてとれる。

おなじことが，『毎日新聞』の場合でもいえる。「社説：TPP初参加　積極交渉で国益追求を」をみてみよう*15。

国内にはいまだに反対論や慎重論が根強い。衆参両院の農林水産委員会はコメや麦，乳製品など「重要5品目」を挙げ「聖域確保を最優先」とする決議をしている。

その重要5品目だけでも全貿易品目の6％強を占める。関税の原則撤廃を目指すTPPで聖域確保を最優先したのでは，獲得すべき分野で譲歩を余儀なくされるおそれもある。「国益を守る」という消極的な交渉姿勢では，国益を獲得する機会を逃しかねないことを認識すべきだ。

そうなってはTPP参加の意義は薄れ，東南アジア諸国連合（ASEAN）10カ国に日中韓など6カ国が加わる東アジア地域包括的経済連携（RCEP）など他の自由貿易交渉にも悪影響が及ぶだろう。

ここでの「『国益を守る』という消極的な交渉姿勢では，国益を獲得する機会を逃しかねないことを認識すべきだ」という視点は，前出の『読売新聞』とおなじものである。要するに，『朝日新聞』，『読売新聞』，『毎日新聞』の３紙は，“TPP積極論”で足なみをそろえているのである*16。

3 「国益」と食料自給率

うえでみたように，TPPについて論じる折りには，「国益」（national interest）ということばがかならずといっていいほど，顔をだす。それでは，「国益」とはいったいどのようなものをさすのであろうか。『現代政治学事典』には，つぎのような定義がなされている*17。

> 国家あるいは国民社会にとっての最良の価値・利益。国家がその対外行動において追求すべき価値，あるいは依拠すべき第一義的な価値基準として機能すべきものとされる。通常，国家生存，安全保障，経済繁栄，国家威信および国力の増進などがあげられているが，その本来的な価値付帯性と抽象性のゆえに，この概念は，その意味，つまり「ナショナル」という名に値する価値・利益とはなにか，その識別可能性およびこれを具体的な分析と行動のための中心概念とすることの有効性もしくは正当性をめぐって，第二次世界大戦後，長期間の論争の対象となりつづけている。こうして，戦後アメリカでこの概念を最初に提出したモーゲンソーにおいて，それはパワーによって定義され，生存あるいは安全保障に限定されるべきものとされ，国家理性の現代版として合理性と道徳的尊厳性を与えられたが，1970年代以降，これを「時代遅れ」の国家中心的パラダイムのシンボルであり，人類的利益によって克服されるべきものであるという価値論的批判，あるいはこれが政策決定者の恣意的な主観によって状況的に決定されるものであり，厳密な科学的分析に耐ええない高度に一般的であいまいな概念であるという分析的批判などが展開されている。

ここで注目すべきは，「政策決定者の恣意的な主観によって状況的に決定されるもの」という記述である。結局のところ，「国益」とは，そのときどきの政策決定者の思いで，変化してくるものなのだ。ということは，万人が認める絶対的な「国益」とよぶべきものは存在しないといえなくもない。そうしたなかで，全国紙にとっての「国益」は，消費者を重んじたものとしてみちびきだされている。他方，地方紙の場合は，全国紙とはスタンスが異なるようだ。現に，「環太平洋経済連携協定（TPP）の次回会合が来月に迫った。この会合から日本も加わる予定だが，新聞社の論調は割れている。参加に前向きな全国紙に対し，地方紙は慎重姿勢が目立つ」とした記事もあったからである*18。このように，消費者に軸足をおく全国紙と生産者の立場を重視する地方紙とのあいだで，「国益」の定義は大きく隔たっているのだ。

つぎに，「国益」という観点から論じられることの多い，安全保障という考え方についてみてみよう。『国際政治経済辞典』〔改訂版〕には，「安全保障とは，『安全にする』，『確実にする』という意味であり，国内的には個人や法人を災害や犯罪から守る警察などの仕事を指すが，『国家安全保障』（national security）は，主権国家の領土的一体性，政治的独立，および国民の生命・財産の安全を維持・確保することである」としたうえで，「1970年代以降，国際的相互依存の増大で国家の脆弱性が増し，経済の維持，発展に必要な工業・エネルギー資源や食糧などの確保の重要性が認識され，経済安全保障の概念が生まれた。伝統的な概念に加えて，総合安全保障と呼ぶ」と記されている*19。また，『現代政治学事典』では，「1972〜73年の食糧危機は，日本の食糧自給率の低さに対する関心を呼びおこし，食糧自給力の強化，輸入安定化と備蓄対策といった政策志向をもたらした。その後も食糧の安全保障の必要が述べられたり，食料の安全性とか食品産業への政策的対応など，食料の視点から政策体系が検討される傾向が目立ってきている」ともされている*20。

このように，安全保障とは，軍事面だけのものをさすのではなく，食料やエネルギーなど，多岐にわたってもちいられることばといえる。この食料安全保障の考え方に関連して，食料・農業・農村基本法の第19条（「不測時における食料安全保障」）に，「国は，第二条第四項に規定する場合において，国民が最低限度必要とする食料の供給を確保するため必要があると認めるときは，食料の増産，流通の制限その他必要な施策を講ずるものとする」と明記されている。この文言は，食料安全保障が日本の「国益」を考えるうえで，緊要であることを認識しているからこそ，みちびきだされるものであろう。しかしながら，これほどまでに重視すべき食料安全保障について，農林水産省は，あまり重きをおいていないような印象を受ける。その事実は，同省のホームページにみてとれる*21。「食料・農業・農村基本法のあらまし」というところには，「不測の事態において，国民が最低限度必要とする食料の供給を確保するため必要があると認めるときは，食料の増産，流通の制限等を実施」として，食料・農業・農村基本法の第19条の趣旨が掲載されている。だが，そこには，同法に明記されている「不測時における食料安全保障」ではなく，「不測時における食糧安全保障」との文字がおどっている。「料」と「糧」というただ一文字だけのちがいではないかという指摘があるかもしれない。だが，農林水産省のホームページという公的な文章のなかで，法律の見出しの文言と異なる文字が使用されているというのは大問題ではなかろうか。これこそ，同省が，いかに食料安全保障を軽視しているかがわかる事例といえよう*22。このような食料安全保障を軽んじる姿勢は，食料自給率のひくさにもあらわれている。

食料・農業・農村基本法の第２条（「食料の安定供給の確保」）では，以下のように規定されている。

> 食料は，人間の生命の維持に欠くことができないものであり，かつ，健康で充実した生活の基礎として重要なものであることにかんがみ，将来にわたって，良質な食料が合理的な価格で安定的に供給されなければならない。
>
> 2　国民に対する食料の安定的な供給については，世界の食料の需給及び貿易が不安定な要素を有していることにかんがみ，国内の農業生産の増

大を図ることを基本とし，これと輸入及び備蓄とを適切に組み合わせて行われなければならない。

3　食料の供給は，農業の生産性の向上を促進しつつ，農業と食品産業の健全な発展を総合的に図ることを通じ，高度化し，かつ，多様化する国民の需要に即して行われなければならない。

4　国民が最低限度必要とする食料は，凶作，輸入の途絶等の不測の要因により国内における需給が相当の期間著しくひっ迫し，又はひっ迫するおそれがある場合においても，国民生活の安定及び国民経済の円滑な運営に著しい支障を生じないよう，供給の確保が図られなければならない。

1項に記されているように，「食料は，人間の生命の維持に欠くことができないもの」である。だからこそ，十分な食料自給率を確保しておくことが，「国益」となるはずなのだ。にもかかわらず，農林水産省のホームページには，「食生活の高度化・多様化が進む中で，我が国農業の基幹的な作物である米の消費が減退し，畜産物，油脂のように大量の輸入農産物を必要とする食料の消費が増加すること等により，食料自給率は一貫して低下してきました。このような食料需要の高度化等に対応した国内の供給体制は未だ十分に確立されていない状況です」（傍点，引用者）とする記述がみられるのだ[*23]。「一貫して低下してきました」ということは，国の農業政策が有効に機能していなかったということを物語っているのではなかろうか。さらに，同省のホームページの「食料自給率・食料自給力について」とする項目には，つぎのような記述もなされている（傍点，引用者）[*24]。

食料自給率は，国内の食料消費が国産でどの程度賄われているかを示す指標です。我が国の食料自給率は，長期的に減少傾向で推移しており，先進国中最低水準となっています。また，食料自給力は，我が国農林水産業が有する食料の潜在生産能力を表すものです。

食料の安定供給を確保するためには，食料自給率・食料自給力の維持向上を図ることが必要です。

そうしたなかで，「食料自給率が平成９年度以降20年間40％前後（横ばい）で推移している中，食料自給力（我が国の食料の潜在生産能力）は近年低下傾向にあり，将来の食料供給能力の低下が危惧される状況にあります」との文言をホームページ上に記載することは，あまりにも無責任といえなくないであろうか*25。うえでみたように，農林水産省のホームページには，「食料の安定供給を確保するためには，食料自給率・食料自給力の維持向上を図ることが必要です」という他人事のような“分析”があるなかで，「平成28年度においては，小麦及びてんさい等について，作付面積は拡大したものの，天候不順により単収が落ち込み生産量が減少したこと等により，38%となりました」との“事実”が明記されているのである*26。38％という数字であるが，たとえば，札幌大学の成績評価（AA〔秀〕：90点以上，A〔優〕：80～89点，B〔良〕：70～79点，C〔可〕：60～69点，D〔不可〕：59点以下）でいけば，カロリーベース食料自給率の38％は，D評価となってしまう。また，「生産額ベース食料自給率」でみても，その数値は，68％であり，C評価でしかないのだ。

こうした数字をたかいとみるのか，それともひくいとみるのかは，人それぞれかもしれない。しかし，自民党が選挙の折りにだしてきた公約をみると，この数字はひくいといわざるを得ないのではないか。たとえば，2009年８月30日におこなわれた，第45回衆議院議員総選挙で，自民党は，「食料自給率50％を具体的な目標に，農地面積や年齢などに関係なく，意欲ある農家の経営を最大限にサポートし，所得の増大へ」とする公約をだしていた*27。もっとも，このときの選挙において，自民党は政権の座を手放すこととはなったものの，公約に明記された50％という数字とカロリーベースの38％（2016年度）という現実の数字とのあいだのギャップがあまりにも大きすぎる。しかも，前出の札幌大学の基準でいうと，この50％という目標自体，D評価＝不可であって，及第点にはいたっていないことを忘れてはならない。ちなみに，その後の衆議院選挙での自民党の公約をみると，第46回（2012年12月16日）の折りは，「食料自給率及び食料自給力（農地・水などの農業生産基盤，農業者，農業技術）を維持向上させます」とあり，食料自給率をめぐるひくめの目標値までもが消え去ってしまっている*28。さらに，第47回（2014年12月14日）の「食料自給率及び食料自給力（農地・農業用水等の農業資源，農業技術，農業就業者等）を維持向上させます」は，第46回とほぼおなじ内容であった*29。そして，第48回（2017年10月22日）には，「国民が求める多様な農産物の需要に応じた生産の拡大を進め，食料自給率・食料自給力の向上を図る対策を強化します」となって，食料自給率の「維持」ということばがなくなっている*30。ということは，食料自給率を維持することが困難と考え，その方針自体を放棄してしまったのかもしれない。自民党としては，たんに「対策を強化」することだけでのりきっていこうとの思いを有しているのではなかろうか。これら4つの公約だけに目をやっても，自民党が食料自給率の問題に真剣にとりくんでいるという印象はもち得ない。

4 結び―安倍と食料安全保障―

政治家・安倍が一貫して，安全保障の問題に多大なる関心をいだいてきたことは明白である。たとえば，安倍は第40回衆議院選挙（1993年7月18日）で初当選をはたしているが，議員就任後，わずか3カ月ほどのちに，安全保障に関する発言を衆議院・外務委員会の場でおこなっているのだ。もちろん，このときの発言は，「政府として，ロシアの原子力潜水艦の運航や解体によって生じる放射性廃棄物処理に対して，これに環境の面から協力をしていくべきであるというようにお考えなのか，または，安全保障の面からこれは差し控えるべきであるというように考えておられるのか，その辺のところを教えていただきたいと思います」「これまでロシアの軍部は決して政治の上に立つことはなかったわけでありますし，また，エリツィン大統領が独裁的な力を持っている中で，むしろ軍部は戦々恐々としているという見方もあるわけでございますが，果たしてこの軍とエリツィン大統領府との力関係がどのようになっているか，これは我が国の安全保障政策においても大変大きな問題があるのではないかと私は思うわけでございます」「特に，外交，安全保障，なかんずくこの安全保障の分野において冷静に議論をしていく。何によって我が国の安全保障が保たれてきたかということを，まさに現実をしっかりと踏まえて，この国会の中においても，一切の虚構を排して率直に議論を重ねていくということが大切ではないか。そして，この政変によって，これをポジティブに考えるなら，これが可能になったのではないかというように私は考えております。そういう意味で，外務大臣には今後御奮闘いただきたいわけでございますし，私もその観点からチャレンジをしていきたいと思いますので，よろしくお願いいたします。これで質問を終わります」といった具合に，あくまでも，軍事的な観点からのみ，安全保障問題をとりあげていることがわかる*31。

ちなみに，「国会会議録検索システム」をもちいて，初当選以来，国会内の会議において，安倍が安全保障ということばを発した総件数を調べてみると，その数は362件あった（2018年2月10日時点）。そのうち，「食料安全保障」ということばを口にしたのは，わずか10会議のみである。しかも，国会内で，安倍が「食料安全保障」のワードをはじめて発したのは，内閣総理大臣就任（2006年9月26日）後の2007年3月1日のことである。しかも，安倍の「食料安全保障という観点からも，私たちの食べ物はなるべく私たちが確保していくという観点からも，やはり食料自給率の向上に努力をしていかなければならないと考えております」という発言は，「僕がもう一つ心配するのは，農村地域社会の崩壊というのは，食料安全保障も一部の人たちがやるとだめになっていくんじゃないか」（篠原孝・議員〔民主党〕）という質問を受けての回答でしかなかった*32。ちなみに，「食料の安全保障」で検索した場合，ヒット数は7件で，もっともふるい発言は，「農業は，当然私たちは，大切な食の安全を守っていく，食料の安全保障という観点からもとらえていかなければならない，こう思っております」で，2007年3月2日の衆議院予算委員会の席上，発せられたものである。なお，この回答は，遠藤武彦・議員（自民党）の「穀物自給率で二七％，カロリーベースで四〇％という，これが経済大国日本の姿でありまして，輸入する農産物を全部ストップして自国で賄おうとすると，千四百万ヘクタールの農地が必要です。不可能です。だけれども，それでもなおかつ経済大国日本の農業者は，低価格にあえぎ，さらなる農産物市場の開放を迫られ，全く元気を失っております」とする質問に対するものである*33。

このように，安全保障ということば自体，ひんぱんに国会内で発言している安倍であるが，食料面における安全保障についてはその関心は皆無に等しいというのが事実であろう。こうした人物が，農業政策をになってきたという“悲劇”をわれわれはどのように受けとめればよいのであろうか。

ところで，さきに述べたとおり，近年の衆議院選挙の折りの自民党の公約をみても，第45回（2009年8月30日）のときの「食料自給率50％を具体的な目標に，農地面積や年齢などに関係なく，意欲ある農家の経営を最大限にサポートし，所得の増大へ」というケースをのぞいて，食料自給率に関する明確な数値は打ちだされてこなかった。だが，国会の場において，安倍は，具体的な目標値を提示していたのである（2016年10月28日）。では，安倍はどのように語ったのであろうか*34。

> 我が国の食料自給率は，平成二十七年度において，カロリーベースで三九％，金額ベースで六六％となっています。
>
> 食料の安定供給を将来にわたって確保していくことは国民に対する国家の最も基本的な責務であり，国内農業生産の増大を図り，食料自給率を向上させていくことが重要であります。
>
> このため，安倍内閣では，昨年三月に閣議決定した食料・農業・農村基本計画において，農業の成長産業化を実現するための多様な施策を講じることにより，食料自給率を引き上げ，平成三十七年度において，カロリーベース

では四五%，金額ベースでは七三%とする目標を設定したところであります。

また，今般の基本計画では，不測時の食料安全保障の議論を深める観点から，国内の農地等を最大限活用した場合にどこまで供給できるかを示す食料自給力指標を新たに示したところであります。

政府としては，施策の不断の検討と見直しを行いながら，食料自給率と食料自給力の向上をともに図り，国民に対する食料の安定供給を確保していく考えであります。

このように，安倍は，「食料自給率を引き上げ，平成三十七年度において，カロリーベースでは四五%，金額ベースでは七三%とする目標を設定した」と明言しているのである。2016年度の食料自給率がカロリーベースで38%，生産額ベースで68%しかないなかで，2025年度に，おのおの45%，73%をめざすというのは，実現性の観点から，疑問符をつけざるを得ない（ちなみに，2023年度では，おのおの38%，61%となっている）。もっとも，たかい目標値を設定すれば，その実現にむけて全力をかたむけるといういい方もできるかもしれない。だが，この数字が画餅に終わっては意味がないのである。さきにみたように，食料安全保障に関心をいだいていない安倍が，本気で，食料自給率のアップをめざしているとは思えない。現に，安倍は，食料自給率に関して，実現できない数字を示した過去を有している。安倍が総理に就任したのちの2006年10月 4 日，安倍はつぎのように述べている*35。

食料自給率についてお尋ねがありました。

国民への食料を安定的に供給する観点から，食料自給率の向上を図ることは農政上重要な問題と認識しており，将来的には国民に供給される熱量の五割以上を国内生産で賄うことを目指すことが適当であると考えます。

これを前提に，政府としては，実現可能性を考慮して，平成二十七年度における食料自給率目標を四五%と設定したものであり，消費者，生産者，食品産業事業者など関係者と一体となって食料自給率の向上を図ってまいりたいと考えております。

国会の場で，「食料自給率」ということばをこのときはじめて口にした安倍は，「実現可能性を考慮して，平成二十七年度における食料自給率目標を四五％と設定した」というのだ。だが，現実には，2015年度の食料自給率は，カロリーベースで39％，生産額ベースで66％となっており，安倍のいう45％とはほど遠いものであった*36。民主党政権下で，代表質問にたった安倍は，「野田総理が，さきの総選挙において，書いてあることは命がけで実行する，書いていないことはやらないんです，それがルールですとまで断言したマニフェストについては，今や，総理が，書いていることはやらずに，書いていないことに命をかけることとなり，政治に対する信頼を大きく失わせました」と断じたことがあったが*37，実現可能性を考慮したうえで設定した食料自給率の目標値をクリアできなかったことに関して，安倍は，内閣総理大臣としての責任をどのように考えていたのであろうか。

ちなみに，安倍は，国会の場で，以下のような発言をしたことがある*38。

> 三年数カ月前に，政権交代が行われたわけであります。あのときには，政権交代によって大きく大きく政治は変わるんだ，政治だけではなくて社会も大きく変化する，これはいい方に変化する，このようにマスコミ，メディアもはやし立てたわけであります。
>
> しかし，現実は全くそうならなかった。さまざまな約束が選挙を通してなされたわけであります。マニフェストということで，さまざまな約束を決めた。しかし，その多くは実行されなかったわけでありまして，それに対して，国民は政治に対する信頼を失った。もう政治に一票を託しても意味がないんじゃないかという結果であったんだろうと思います。これは民主党だけの問題ではなくて，既成政党全体に対する不信感となった。結果において，大きく投票率の低下につながってしまった。これは大変残念であります。
>
> だからこそ，私たちは，私たちの掲げた政権公約については，できること

しか書かない，これを訴えたわけでありまして，私たちは結果を出していくことによって国民の信頼を回復したい，こう決意をしております。

こうした認識を有しているからこそ，政権復帰をかけた，第46回以降の衆議院選挙の公約で，食料自給率に関する数字を明記しないということなのであろうか。

なお，安倍が国会内で，「食料自給率」ということばを口にした会議のヒット件数は，40件しかない[*39]。

以上みてきたように，農業政策に対して，いかに安倍が無関心であったかということが明らかとなった。食料安全保障という観点からも，食料自給率をたかめていくことは，日本にとって喫緊の課題であることは論を俟たないであろう。安倍は，農業をめぐる日本の状況がいかに深刻なものであるかを十分認識し，積極的かつ有効な手だてを講じていくべきであったことは，みなが認めるところであろう。

注

＊1　https://www.kantei.go.jp/jp/98_abe/statement2/20180122siseihousin.html（2018年2月10日）。

＊2　農林水産省編『食料・農業・農村白書』〔2016年度版〕には，「我が国の食市場は，今後，高齢化の進行や人口減少の本格化により縮小に向かう可能性がある一方，世界の食市場は，人口の増大や各国の経済成長等に伴い，今後とも拡大が続くと見込まれます。このような中，我が国の農業の持続的発展と農村の振興を実現していくには，平成27（2015）年3月に閣議決定された食料・農業・農村基本計画に示されたとおり，農業の競争力強化を図り，国内外の需要の取り込みを進めることが必要です」との記述があり，けっして，日本の農業の競争力が十分であるとは認識されていないようだ（同上，4頁）。

＊3　『毎日新聞』2018年2月10日，6面。

＊4　関岡英之「『年次改革要望書』が偽装されて復活した『TPP』」『調査情報』2012年3・4月号，22頁。

＊5　「日本における規制緩和，行政改革及び競争政策に関する日本政府に対する米

国政府の要望書」〔1996年11月15日〕（https://web.archive.org/web/20130221183724/http://aboutusa.japan.usembassy.gov/pdfs/wwwf-deregulation-j-1996.pdf〔2018年2月10日〕），19頁および26頁。

なお，第二次大戦後の米国からの「外圧」は，争点によって，①日本の輸出自主規制（VER）を求める圧力，②日本の市場開放を求める圧力，③日本の貿易黒字削減を求める圧力，④日本社会の構造変革を求める圧力に分類できる（くわしくは，浅野一弘『現代政治の争点―日米関係・政治指導者・選挙―』〔同文舘出版，2013年〕，15頁を参照されたい）。

＊6 関係者からの電子メールによる回答（2014年3月11日）。

＊7 北米局北米第二課「米国経済と日米経済関係」（http://www.mofa.go.jp/mofaj/files/000240495.pdf〔2018年2月10日〕）。

＊8 http://www.mofa.go.jp/mofaj/gaiko/tpp/（2018年2月10日）。

＊9 http://www.meti.go.jp/policy/external_economy/trade/tpp.html/（2018年2月10日）。

＊10 https://www.kantei.go.jp/jp/headline/tpp2015.html#c004（2018年2月10日）。

＊11 http://crd.ndl.go.jp/jp/library/index.html（2018年2月10日）。

＊12 http://crd.ndl.go.jp/reference/modules/d3ndlcrdentry/index.php?page=ref_view&id=1000099948（2018年2月10日）。

＊13 『朝日新聞』2013年7月19日，16面。

＊14 『読売新聞』2013年7月26日，3面。

＊15 『毎日新聞』2013年7月24日，5面。

＊16 なお，TPPをめぐる全国紙と地方紙の認識の相違については，浅野一弘『現代政治論―解釈改憲・TPP・オリンピック―』（同文舘出版，2015年），72-92頁を参照されたい。

＊17 大畠英樹「国益」大学教育社編『現代政治学事典』（ブレーン出版，1991年），305頁。

＊18 『朝日新聞』2013年6月29日，37面。ただ，この記事によると，「茶やミカンなど農業も盛んだが，スズキやヤマハ発動機など製造業が盛んな土地でもある。『論調はどちらかに偏るということではなく，国益を第一に考えている』」とした『静岡新聞』は，地方紙のなかでも例外といえる（同上）。

＊19 蠟山道雄「安全保障」川田侃・大畠英樹編『国際政治経済辞典』〔改訂版〕（東京書籍，2003年），40-41頁。

＊20 橋本信之「食糧政策［食料政策］」『現代政治学事典』（ブレーン出版，1991年），478頁。

＊21 http://www.maff.go.jp/j/kanbo/kihyo02/newblaw/panf.htm（2018年2月10

日)。

＊22　なお，本章では，食料・農業・農村基本法にしたがって，「料」の字をもちいる。

＊23　http://www.maff.go.jp/j/kanbo/kihyo02/newblaw/panf.html（2018年2月10日)。

＊24　http://www.maff.go.jp/j/zyukyu/zikyu_ritu/011_2.html（2018年2月10日)。

＊25　http://www.maff.go.jp/j/zyukyu/zikyu_ritu/012_1.html（2018年2月10日)。

＊26　http://www.maff.go.jp/j/press/kanbo/anpo/170809.html（2018年2月10日)。また，この項目には，「平成28年度においては，野菜及び果実について，輸入額が減少する中で国内生産額が増加したこと等により，68%となりました」との記述もみられる（同上)。

＊27　自民党「－ → ＋　改めます。＋ → ＋＋　伸ばします。」(https://jimin.ncss.nifty.com/pdf/manifest/2009_yakusoku_a.pdf〔2018年2月10日〕)，10頁。

＊28　自民党「日本を，取り戻す。」(https://jimin.ncss.nifty.com/pdf/seisaku_ichiban24.pdf〔2018年2月10日〕)，25頁。

　ちなみに，このときの公約には，TPPに関して，「『聖域なき関税撤廃』を前提にする限り，TPP交渉参加に反対します」と書かれていたことを付言しておく（同上)。

＊29　自民党「景気回復，この道しかない。」(https://jimin.ncss.nifty.com/pdf/news/policy/126585_1.pdf〔2018年2月10日〕)，14頁。

＊30　自民党「この国を，守り抜く。」(https://jimin.ncss.nifty.com/pdf/manifest/20171010_manifest.pdf〔2018年2月10日〕)，29頁。

＊31　『第百二十八回国会　衆議院外務委員会議録　第三号』1993年10月22日，8-9頁および11頁。

＊32　『第百六十六回国会　衆議院予算委員会議録　第十七号』2007年3月1日，18-19頁。

＊33　『第百六十六回国会　衆議院予算委員会議録　第十八号』2007年3月2日，19-20頁。

＊34　『第百九十二回国会　衆議院環太平洋パートナーシップ協定等に関する特別委員会議録　第九号』2016年10月28日，26頁。

＊35　『第百六十五回国会　参議院会議録　第五号』2006年10月4日，12頁。

＊36　http://www.maff.go.jp/j/press/kanbo/anpo/160802.html（2018年2月10日)。

＊37　『第百八十一回国会　衆議院会議録　第二号』2012年10月31日，1頁。

＊38　『第百八十三回国会　衆議院予算委員会議録　第十二号』2013年3月12日，26-27頁。

＊39　ただ，「食料自給力」にいたっては，23件となっている。なお，安倍がはじめて，

「食料自給力」というワードを述べたのは，第二次政権発足（2012年12月26日）後の2014年１月28日のことで，「四十年以上続いてきた米の生産調整を見直し，農業者がみずからの経営判断で作物をつくれるようにするとともに，麦，大豆，飼料用米の生産振興を図ることによって農地のフル活用を図り，食料自給率と食料自給力の向上をあわせて図っていくこととしております」と語った（『第百八十六回国会　衆議委員会議録　第二号』2014年１月28日，13頁）。

もっとも，農林水産省のホームページには，「食料安全保障に関する国民的な議論を深めていくために，平成27年３月に閣議決定された『食料・農業・農村基本計画』において，初めて食料自給力の指標化を行いました」とあることから，「食料自給力」に関する国会内での発言が遅くともしかたがないといえなくはない（http://www.maff.go.jp/j/zyukyu/zikyu_ritu/012_1.html〔2018年２月10日〕）。

※　なお，本章は，東鷹栖農民連盟主催「東鷹栖農民連盟代議員研修会」（2017年11月25日）における講演「現代日本政治の争点―さまざまな危機にどう対応していくか―」の一部に，大幅な加筆・修正をおこなったものである。
※　また，本章は，「2017年度　札幌大学研究助成」の成果の一部であることを付言しておく。

Topics 2 農協という利益集団

“農村票”の影響力は弱まったのか？

日本政治学会編『年報政治学』の1960年度版の特集テーマは，「日本の圧力団体」であった。そこでは，「『農協』は，『農協をつかみ損ねたら選挙に勝てない』という体制政党の弱点を利して，主として〈農政運動〉の担い手として活潑な陳情活動を開始する」と記されており*[1]，選挙時に，「農協」が大きな影響力を発揮していた事実をかいまみることができよう。

くわえて，「およそ政治について考えるすべての人にとって，共通の出発点になりそうな大作である」とされた*[2]，京極純一の著書『日本の政治』のなかでも，「農民は敗戦後農民組合を作り小作人の利益を主張したが，農地改革による自作農化ののちは，農業協同組合によって米価決定その他の政策に圧力を行使している」との言及がある。これは，「後援会と圧力団体」という項目での論述であり*[3]，政治学徒にとって，「農業協同組合」は「圧力団体」の代表格の一つに数えられていた。

こうした傾向は，2012年に刊行された『政治学』においてもみられ，「利益集団とは」の項目で，「業種・職種別の団体としては，全国農業協同組合中央会（全中）や日本医師会が有名であり，前者は農協の（正）組合員約480万人という組織力をバックに農業政策に対して，後者は政治献金を効果的に用いることによって医療政策に対して，それぞれ強い発言力を保ってきた」とあるように*[4]，「利益集団」としての「全国農業協同組合中央会（全中）」の存在は無視できないものであった。

ところが，『日本政治の第一歩』（2018年刊行）の「団体政治・自発的結社」に目を転じると，「農業協同組合」「全国農業協同組合中央会（全中）」といった文字はいっさいみられない*[5]。

このことは，「圧力団体」「利益集団」としての「農業協同組合」「全国農業協同組合中央会（全中）」が弱体化したことを示すのであろうか。

『北海道新聞』にみる“農村票”

周知のように，「農業協同組合」「全国農業協同組合中央会（全中）」と密接なかかわりのある政党は，自民党である。その好例として，北海道にある自民党新篠津村支部の「事務局はJA新篠津の建物内に入居」している事実をあげることができよう*[6]。

こうした両者のつながりについて，「伝統的に保守志向が強く，浮動票的要素の少ない農民票は，保守党の政治家にとっていちばん安定した頼りになる票である」ため，「農村は自民党の金城湯池」とまでいわれたのであった。それゆえ，自民党選出の「歴代首相のほとんどは保守の強い農村型選挙区の出身者」ということになっていた*[7]。

“農村票”と自民党との結びつきに関する実態は，新聞報道に注目しても明らかである。たとえば，『北海道新聞』の記事のなかでは，「特に農村票を有力な支持基盤にする自民党」と断じられていた*[8]。さらに，「岩見沢は現職の瀬能晃さんが再選を果たした。農協を中心に，農村票をまとめたことが大きかったのではないか」というように*[9]，北海道議会議員選挙の折り，自民党の推薦を受けた瀬能晃が*[10]，農協をバックに，“農村票”をかためて当選をはたしたことを報じる記事もあった。

しかしながら，北海道では，「本道三区から二人目の候補擁立を目指してきた社会党道南地区協議会（議長・奥野一雄代議士）は六日までに，檜山管内今金町の今金農協参事鉢呂吉雄氏（41）＝同町今金四一五＝を擁立する方針を決めた」として，自民党の“牙城”である農協の職員・鉢呂吉雄が，第39回衆議院議員総選挙（1990年２月18日）に，社会党から立候補・当選したことがあった*[11]。

また，第41回衆議院選挙（1996年10月20日）時の報道では，民主党から立候補した小平忠正について，「空知管内の全農協から推薦を取り付けたことも，小平陣営にとっては有利に働いたのは確かだ」との新聞記事もあり*[12]，過去の選挙において，非自民候補に“農村票”が流れていたことがわかる。さらに，第15回参議院議員通常選挙（1989年７月23日）の折りには，「道南地区農民連盟委員長」の肩書きをもち，「衆院本道三区選出の阿部文男（自民）の地元後援会幹部を務める『保守側』の人物」である宮後安一までもが，非自民候補の「竹村泰子（無新・社連サ推薦）事務所前で行われた出陣式」において，「乾杯の音頭をとって『竹村の必勝を』と声を張り上げた」ことがあった*[13]。

通例，政治学の世界では，「全国農業協同組合中央会（全中）」は，「全国農業者農政運動組織協議会とよばれる政治組織をつくり，自民党候補者の選挙活動では中心的な役割をになっている」とされ，「農政の激変に直面して，なんらかの救済策を求めるには，いまだ自民党に頼らざるを得ないということ」が当然視されてきた*14。だが，過去の『北海道新聞』の記事をみると，「全国農業協同組合中央会（全中）」と自民党との“もちつもたれつ”の関係に揺らぎがみられ，“農村票”＝自民党という等式は一概になりたたなくなってきているようだ。この背景には，農産物をめぐる国際交渉において，農民の期待を裏切りつづけてきた自民党への失望があるにちがいない*15。

“農村票”はどうなっていくのか？

図表T2-1をみると，選挙の年をふくめ，『北海道新聞』紙上において，“農村票”についての言及が減少傾向にあることがわかる。これは，“農村票”のおもみがなくなってきたことを物語っている。「村での自民党の強さの源泉は，農協を中心とした農業票の強固さにある，と多くの村民が口をそろえた」，前出の新篠津村でさえ，投票率のちがいこそあれ，第21回参議院選挙（2007年７月29日）に立候補した「伊達（忠一）さんの得票数も三年前の参院選の自民党候補に比べると百票近く減った」（カッコ内，引用者補足）という現実がある*16。

図表T2-1 『北海道新聞』にみる“農村票”

	選挙の種類	農村票
1988年		1件
1989年	参	18件
1990年	衆	15件
1991年	統一	2件
1992年	参	8件
1993年	衆	5件
1994年		2件
1995年	統一・参	6件
1996年	衆	14件
1997年		2件
1998年	参	2件
1999年	統一	8件
2000年	衆	10件
2001年	参	1件
2002年		1件
2003年	統一・衆	5件
2004年	参	1件

	選挙の種類	農村票
2005年	衆	2件
2006年		0件
2007年	統一・参	13件
2008年		3件
2009年	衆	5件
2010年	参	2件
2011年	統一	5件
2012年	衆	5件
2013年	参	0件
2014年	衆	1件
2015年	統一	2件
2016年	参	3件
2017年	衆	0件
2018年		0件
2019年	統一・参	0件
2020年		1件
合計		143件

このように，“農村票”が弱体化してきた最大の要因は，組織力の低下にほかならない。農業問題にくわしい専門家も，「圧力は依然無視できない」とはしつつも，すでに1992年の段階で，「農協を中心とする組織票は力が弱まっている」と断じている*[17]。現に，データベースで検索可能な範囲において，『北海道新聞』に初登場した“農村票”の記事で，「農協は全中を指導団体に，全国に四千百の単位組織（組合員数五百五十万人）を持つ」とあったものが*[18]，前出の『政治学』では，「農協の（正）組合員約480万人という組織力」となっていた*[19]。さらに，2018事業年度の正組合員数にいたっては，424万８千人にまで減少してしまっている*[20]。

ということは，現行の農政が継続していくかぎり，今後，“農村票”が減少することはあっても，増加に転じることはないといってよかろう。その場合，どのようにして影響力を行使することができるのか。逆説的ではあるが，従来の発想を大胆に転換し，選挙において，集票活動をおこなわないというやり方で，政党に対して，“農村票”の意味を考えさせるというのも一策かもしれない。それこそが，農政軽視の見直しにもつながっていくのではなかろうか。

注

＊1　永井陽之助「圧力政治の日本的構造」日本政治学会編『年報政治学―日本の圧力団体―』（岩波書店，1960年），16頁。

＊2　『毎日新聞』1983年12月12日，９面。

＊3　京極純一『日本の政治』（東京大学出版会，1983年），42頁。

＊4　谷口将紀「政策過程と官僚・利益集団」川出良枝・谷口将紀編『政治学』（東京大学出版会，2012年），135頁。

＊5　鹿毛利枝子「団体政治・自発的結社」上神貴佳・三浦まり編『日本政治の第一歩』（有斐閣，2018年），51-68頁。

＊6　『北海道新聞』2007年７月31日，38面。

＊7　曽根泰教・金指正雄『ビジュアル・ゼミナール　日本の政治』（日本経済新聞社，1989年），116頁。

＊8　『北海道新聞』1988年７月30日，４面。

＊9　同上〔地方版〕，1999年４月13日，24面。

＊10　同上，1999年４月10日，21面。

＊11　『北海道新聞』1989年11月７日，３面。

＊12　同上〔道央版〕，1996年10月22日，26面。
＊13　『北海道新聞』1989年７月９日，３面。
＊14　浅野一弘『日米首脳会談の政治学』（同文舘出版，2005年），184頁。
＊15　たとえば，浅野一弘『ラジオで語った政治学３』（同文舘出版，2019年），５頁を参照のこと。
＊16　『北海道新聞』2007年７月31日，38面。
＊17　同上，1992年８月29日，２面。
＊18　同上，1988年７月30日，４面。
＊19　谷口，前掲論文「政策過程と官僚・利益集団」川出・谷口編，前掲書『政治学』，135頁。
＊20　「平成30事業年度 総合農協一斉調査結果の概要」（https://www.maff.go.jp/j/keiei/sosiki/kyosoka/k_tokei/attach/pdf/sougou30-5.pdf〔2021年５月15日〕），１頁。

第3章

社説で読むトランプ政権下の日米関係—日本側はどうみたのか？—

1 はじめに

外務省のホームページには,「2017年1月，トランプ第45代米国大統領が就任。『米国第一主義』,『米国を再び偉大にする』との方針の下，移民制度改革や税制改革，インフラ投資等を通じた強い経済の実現等に取り組んでいる」としたうえで，日米関係について,「日米両国は，基本的価値及び戦略的利益を共有し，日米安保体制を中核とする強固な同盟関係にある。我が国は日米同盟の強化を外交の基軸とし，二国間の課題のみならず，アジア太平洋地域情勢やグローバルな課題等について，米国と連携しながら緊密に取り組んでいる」との記述があった*1。

また,『外交青書』〔2019年版〕をみても,「2018年，日米は首脳間で14回（うち電話会談10回)，外相間（国務長官不在期間等の職責代行を含む。）で16回（うち電話会談が6回）会談を行うなど，前年に引き続き，頻繁にハイレベルで政策調整を行った。こうした首脳間，外相間の深い信頼関係の下，日米同盟はかつてなく強固なものとなっており，両国は北朝鮮問題を始めとする地域及び国際社会の諸課題の解決や『自由で開かれたインド太平洋』の実現に向け，緊密に連携して対応している」との言及があり*2,「日米同盟はかつてなく強固なもの」になっていることがわかる*3。そのためであろうか，第201回国会（常会）における施政方針演説（2020年1月20日）で，安倍晋三首相は,「日米同盟の強固な基盤の上に，欧州，インド，豪州，ASEANなど，基本的価値を共有する国々と共に,『自由で開かれたインド太平洋』の実現を目指します」と述べたのであった*4。

首脳間での意思疎通がスムーズにいっているからこそ，「日米同盟の強固な基盤」を前提に，「自由で開かれたインド太平洋」を実現していくというのが，安倍内閣のねらいであったようだ。安倍政権としては，このような認識をいだいてはいたものの，はたして，日本側のマスメディアは，トランプ政権下の日米関係について，どのようにとらえていたのであろうか。これが，本章の問題意識である。

そこで，本章では，日本の全国紙の社説に着目し，米国との関係が，どのように論じられていたのかを紹介する。紙幅の関係もあり，ここでとりあげるのは，『朝日新聞』，『毎日新聞』，『読売新聞』の3紙だけにとどまるが，そこからは興味深い特色が得られる。

ところで，なぜ，マスメディアの論調に注目するのかというと，世論形成にあたって，マスメディアが大きな役割をはたしているからである。通例，大多数の人々は，政治指導者と「直接交流する機会をもたない」のであって，「各種メディアから得る情報にもとづき，かなり具体的な人物像を思い描く」*5。だからこそ，マスメディアの論調をみることで，トランプに対する当時の日本の世論の一端をかいまみることができるはずだ。

2 日本側の新聞の論調

ここで対象とするのは，朝日新聞社，毎日新聞社，読売新聞社が，おのおの提供している記事データベース，「聞蔵Ⅱビジュアル」，「毎索」，「ヨミダス歴史館」をもちいて得られる社説である。期間としては，トランプが大統領に就任した2017年1月20日から安保改定60周年をむかえた，2020年1月19日までである。なお，検索語としては，「日米関係」というワードをもちいている。その結果，この期間に，『朝日新聞』では11件，『毎日新聞』では15件，『読売新聞』では12件のヒットが得られた（**図表3-1・図表3-2・図表3-3**）。

図表3-1 『朝日新聞』にみる「日米関係」

掲載日	タイトル	文字数
2017年1月24日	（社説）日米関係　主体的な外交の契機に	959
2017年1月31日	（社説）日米安保　「前のめり」では危うい	979
2017年2月5日	（社説）日米関係　確かな基盤を築けるか	982
2017年2月7日	（社説）辺野古着工　沖縄より米国優先か	955
2017年4月19日	（社説）日米経済対話　自由貿易の原則を守れ	967
2018年11月13日	（社説）辺野古移設　工事を止めて対話を	990
2019年4月23日	（社説）日米2+2　拡大志向の危うい足元	1,007
2019年5月4日	（社説）憲法と日米地位協定　理念の「穴」を埋める時	1,871
2019年5月26日	（社説）日米首脳会談　通商の「暴走」は許せぬ	987
2019年6月3日	（社説）動かぬロシア　対日交渉の意欲見えぬ	1,013
2020年1月19日	（社説）安保改定60年　安定と価値の礎として	998

図表3-2 『毎日新聞』にみる「日米関係」

掲載日	タイトル	文字数
2017年2月9日	社説：安倍首相の訪米　言うべき事を言う旅に	1,005
2017年2月12日	社説：日米首脳会談　厚遇の次に待つものは	1,965
2017年2月28日	社説：予算案衆院通過　宿題が残されたままだ	1,037
2017年11月7日	社説：北朝鮮めぐる日米首脳会談　試される非核化の構想力	1,651
2017年12月26日	社説：丸5年迎えた安倍内閣　懐深く合意の政治目指せ	1,721
2018年1月21日	社説：トランプ1年　首相の親密さ　「100%共にある」への不安	865
2018年1月25日	社説：枝野，玉木両氏の代表質問　多弱なりの工夫がほしい	876
2018年3月3日	社説：防衛研究所の対中報告書　緊張緩和へ日本も責任を	874
2018年5月31日	社説：1年半ぶりの党首討論　本質そらしは首相の方だ	882
2018年9月16日	社説：安倍政治を問う　対トランプ政権　懐に入っての成果は何か	1,712
2019年1月6日	社説：次の扉へ　日本外交の構想力　国際協調を先導できるか	1,722
2019年5月28日	社説：米大統領への特別待遇　長期の国益にかなうのか	1,704
2019年6月11日	社説：米中対立とG20閣僚会合　反保護主義言えぬ無力さ	892
2019年7月2日	社説：トランプ氏の安保発言　冷静に最適な関係追求を	887
2020年1月19日	社説：日米安保条約改定60年　激動期に適合する同盟に	1,715

図表3-3 『読売新聞』にみる「日米関係」

掲載日	タイトル	文字数
2017年1月30日	[社説] 日米電話会談　肝心なのは同盟強化の各論だ	949
2017年4月19日	[社説] 米副大統領来日　経済対話で互恵を目指したい	951
2017年9月2日	[社説] 前原民進新代表　野党共闘の見直しが試金石だ	939
2017年9月20日	[社説] 安保関連法2年　「北朝鮮対処」を支える土台だ	944
2017年10月16日	[社説] 安全保障　北朝鮮への備えを冷静に語れ	1,718
2018年2月8日	[社説] 米副大統領来日　北の融和姿勢に惑わされまい	931
2018年9月27日	[社説] トランプ外交　「米国第一」で孤立を招くな	954
2018年9月28日	[社説] 日米首脳会談　建設的な通商関係を構築せよ	1,730
2019年1月9日	[社説] 2019年の外交　国際協調の立て直し主導せよ	950
2019年4月28日	[社説] 日米首脳会談　双方に資する貿易協定が要る	1,752
2019年5月28日	[社説] 日米首脳会談　多国間協調を主導する同盟に	1,714
2019年9月16日	[社説] 政権交代10年　民主党の過ち繰り返すのか	957

平均文字数をみると，おのおの，1064.36文字，1300.53文字，1207.42文字となっている。

では，それぞれの新聞社が日米関係について，どのような論調をかかげていたのかをみていこう*6。

(1)『朝日新聞』にみる日米関係

まずはじめに，2017年1月24日に掲載された，「(社説) 日米関係　主体的な外交の契機に」をみてみたい*7。当該社説では，第193回国会（常会）でおこなわれた安倍の施政方針演説のなかの「これまでも，今も，そしてこれからも，日米同盟こそが我が国の外交・安全保障政策の基軸である。これは不変の原則です」という部分にふれ*8，「日米関係は引き続き重要だ」としつつも，「『不変の原則』の名のもとに，米国追随の外交を漫然と続けてはなるまい」との注文をつけている。だからこそ，安倍が，「近く行われるだろうトランプ氏との首脳会談では，普遍的な価値の重要性を十分に説く責任がある」のであって,「トランプ氏の米国が孤立主義に閉じこもらないよう促す」ことが必要だと説く。それによって,「国際社会の秩序を守り，日米関係をアジア太平洋地域の『公共財』として機能させることにもつながる」というのが,『朝日新聞』の考えである。その意味で,「日本自身が国際的にも，歴史的にも認識を疑われない行動をとること」が大切とし,「A級戦犯が合祀(ごうし)されている靖国神社に政治指導者が参拝すれば，近隣国との関係に水を差し，米欧を含む国際社会の疑念を招きかねない」と論じている。いずれにせよ，この社説からは,「トランプ政権の誕生を，日本が主体的に外交を構想する契機としなければならない」との意気ごみが感じられる。

その1週間後の「(社説）日米安保　『前のめり』では危うい」では,「首相が訪米し，10日に首脳会談を開くことで合意した」ことを受け，あらためて,「日米関係は，アジア太平洋地域の平和と安定に資する『公共財』でもある」とし,「両国が矢継ぎ早の意見交換でそれを確かめあうことは，日米のみならず地域にとっても重要なことだ」と，首脳会談開催の意義を認めている*9。ただし,「心配なのは，日本の防衛力強化に対する，首相の前のめりの姿勢が目立つことだ」との懸念も表明し,「激変する国際情勢のもと，対米一辺倒で地域の平和と安定を維持することは難しい」と記している。その文脈で,「在日米軍の駐留経費の増額要求に対しても，駐留がいかに地域や米国自身の利益になっているか，日米が認識を共有することがスタート台になる」とし，さらに,「沖縄の米軍普天間飛行場の名護市辺野古への移設」についても,「県外・国外への分散を進めるべきだ」との主張を展開している。要するに，ここには,「米国に過ちがあれば指摘し，責任ある行動を促す。そうした姿勢を世界に示すことも同盟国としての重要な使命である」との前提がみてとれる。

2月5日に掲載された「(社説）日米関係　確かな基盤を築けるか」においては，訪日したジェームズ・マティス国防長官の「日本のような長年の同盟国が最優先だ」といった,「今回の訪日のメッセージ」が，米国側の「従来の立場は基本的に継続する」というものであったとし，これを聞いた「日本政府としてはひと安心かもしれないが，これでトランプ政権への不安が払拭（ふっしょく）されたかと言えば疑問が残る」としている*10。というのは，「問題はトランプ氏自身にあるからだ」。それは，トランプ政権内で，「大統領と閣僚の発言の食い違いが目立つ」ことからも明らかであろう。結局，「マティス氏の姿勢が政権全体で共有されているかどうかも分からない」うえに，「トランプ氏が通商と安全保障をからめる『ディール（取引）外交』に走り，政権の方針が大きく変わる可能性も否定できない」のであって，この懸念が，日米関係を不安定化する最大の要因とみている。

2日後に，『朝日新聞』は，「（社説）辺野古着工　沖縄より米国優先か」を掲載している*11。ここでは，「米軍普天間飛行場の移設先，沖縄県名護市辺野古で，政府が海上工事に着手した」事実をまえに，「沖縄県民の民意を置き去りにし，米国との関係を優先する。安倍政権の強引な手法が，いっそうあらわになった」との批判をくりひろげた。そして，このタイミングで海上工事をはじめるのは，3日後にひかえた日米首脳会談のための“お土産”とするためだとの認識を示している。周知のように，沖縄県における「たび重なる選挙結果で，辺野古移設に反対する民意は明らか」であるにもかかわらず，「政府の姿勢は辺野古移設への既成事実を強引に積み重ね，県民があきらめるのを待つかのよう」にしかみえない。当該社説は，「これでは分断は埋まるどころか，いっそう深まるばかりだ」と断じる。このように，「政府と県の対立がさらに深まれば，日米関係そのものが不安定になりかねない」ので，「政府がなすべきは，沖縄の声をトランプ米新政権に伝え，辺野古以外の選択肢を真剣に検討することだ」との要求を突きつけている。

4月18日におこなわれた，第1回の「日米経済対話は，貿易についての考え方で，両国の間に深い溝があることを浮き彫りにした」との内容からなる「（社説）日米経済対話　自由貿易の原則を守れ」のなかで，『朝日新聞』は，「世界一の経済力と軍事力を背景に，二国間協議で自国の利益を追求するトランプ政権の『米国第一』はゆるがないようだ」としつつも，「貿易収支は通商政策で決まるのではなく，それぞれの国の景気の状況や産業構造などに左右される」ことを強調している*12。「保護主義的なふるまいに拍車がかかっている」トランプ政権下では，「国際会議の共同声明からは，これまで定番だった『保護主義に対抗する』という一文が，米国の主張で削られた」。社説によれば，「自由貿易を推進することで各国の消費者の利益は増し，経済のパイを拡大していける。保護主義は得策ではない。その大原則を守るよう，米国にクギを刺すことが最優先の課題」であるという。それゆえ，「経済全体で互いが利益を得ることができるような日米関係を構想するためにも，冷静に粘り強く，米国と対話を重ねていくしかない」という結論がみちびきだされる。

その後，『朝日新聞』では，1年以上該当する社説がなく，ようやく，2018年11月13日になって，「（社説）辺野古移設　工事を止めて対話を」において，「日米関係や地方自治，民主主義のありようまで複雑に絡まるのが『辺野古』の問題である。その糸を解きほぐす対話に，政府は今度こそ誠実に向き合わなければならない」といったかたちで，日米関係の語が登場する*13。この社説は，「米軍普天間飛行場の名護市辺野古への移設をめぐり，政府と沖縄県による集中協議が始まった」ことでかかげられたものである。だが，「政府は，協議の最中も工事を止めないと表明した。話は聞くが，方針は変えないと宣言したに等しい。これでは，まともな話し合いにならない」と，集中協議がみのりあるものとならない可能性を不安視している。くわえて，「辺野古移設の見直しを求める世論は全国に広がりつつある」とし，同社による世論調査で，「知事選の結果を受けて方針を『見直す必要がある』と答えた人が55％で，『必要はない』の30％を上回った」事実を紹介している。

さらに，5カ月ほどあいた2019年4月23日，「（社説）日米2＋2　拡大志向の危うい足元」が掲載された*14。なお，ここでいう「2＋2」＝日米安全保障協議委員会（SCC: Security Consultative Committee）とは，「日米の外務・防衛担当閣僚会合（2プラス2）」のことをさしている*15。この会合ののちにだされた「共同文書には，日本に対するサイバー攻撃に，米国による日本防衛義務を定めた日米安保条約第5条の適用がありうることが明記された」。

ちなみに，日米安全保障条約・第５条には，「各締約国は，日本国の施政の下にある領域における，いずれか一方に対する武力攻撃が，自国の平和及び安全を危うくするものであることを認め，自国の憲法上の規定及び手続に従つて共通の危険に対処するように行動することを宣言する」との文言があるが，この共同文書の発表によって，「サイバー攻撃を受けた日本を米国が守る」こととなり，「５条適用は日本へのサイバー攻撃を思いとどまらせる抑止力を高めるとして，日本政府は歓迎」しているようだ。だが，当該社説によると，「そもそもサイバー空間で，攻撃主体が個人か，テロ組織か，国家かを特定するのは難しい」し，「安全保障関連法で集団的自衛権の行使を認めた存立危機事態の定義は曖昧なまま」であり，「米国への深刻なサイバー攻撃が存立危機事態と認定される可能性も否定できない」と，既成事実化がすすんでいくことを警戒しているのがわかる。そして最後に，「同盟の拡大志向を強めるばかりで，正面から議論すべきテーマを避けていては，安定した日米関係は望めない」と社説を結んでいる。

つぎに，憲法記念日翌日の５月４日の「(社説) 憲法と日米地位協定　理念の『穴』を埋める時」に目を転じよう*16。まず興味深いのは，「令和元年という新たな時代のスタートラインに立って，この国の未来像について，真正面から議論を行うべきときに来ている」とした安倍のことばを引用し，「言うまでもなく，改元と改憲には何の関係もない。祝賀ムードを利用して改憲機運をあおるのは厳に慎むべきだ」と一刀両断にしている点である。これ以外にも，同社説では，日米関係がかかえる矛盾について切りこんでいる。具体的には，米国側に対して，「基地の自由使用を最大限保障」するなど，「安保条約に基づき，在日米軍にさまざまな特権を認めている」，日米地位協定に関してだ。これによって，「米軍人・軍属による殺人・強姦などの事件や事故」時の捜査の困難さをはじめ，「騒音被害や環境汚染にも，有効な手立てを打つことができない」状況がつづいている。しかも，この日米地位協定は，「1960年の締結から一度も改正されていない」のだ。これ以外の矛盾としては，「横田基地の米軍が管制権を握る『横田空域』」の問題もある。同空域のために，「羽田や成田に発着する民間機は米軍の許可なく通過できない」。このように，「広大な空の主権を米国に明け渡し，今もそれが続くのは正常な姿とは言いがたい」にもかかわらず，「安倍政権は，あくまで運用改善で対応できるとし，米軍の特権を奪う協定改定には後ろ向き」であると指摘している。「同じ敗戦国であるドイツ，イタリア」では，「自国民の権利を守る観点から，米軍の活動に原則，国内法を適用するなどの見直しを実現している」という。こうした矛盾を受けて，「同盟強化だけが日米関係ではない。住民の立場にたって憲法理念の穴を埋めていく。その作業に取り組む時だ」と，結んでいる。同社説で，もっとも気になったのは，「憲法の理念に，地位協定が『穴』をあけているように見える。変えるべき戦後レジームは憲法ではなく，むしろ地位協定ではないのか」とする問いかけであることを付言しておきたい。その意味で，とりわけ，「在日米軍専用施設の7割が集中する沖縄」の問題を無視することはできない。

20日あまりのちには，「（社説）日米首脳会談　通商の『暴走』は許せぬ」が掲載される*17。これは，翌5月27日に日米首脳会談が開催されるのをまえに書かれた社説であり*18，「ゴルフや大相撲観戦をともにし，親密な日米関係をアピールするだけでは困る」との苦言を呈している。この背景には，再三，『朝日新聞』が懸念しているように，「トランプ氏は大統領に就任以来，自由貿易をふみにじるような行動を繰り返してきた」事実がある。そうしたトランプの姿勢に対して，「安倍首相は，その非を厳しくとがめ，改めさせなければならない」というわけだ。たとえば，トランプ政権が「日本などからの輸入車が『米国の安全保障を脅かしている』と結論づけた」ことにふれ，「筋違いも甚だしい。一般の国民も使う自動車と安全保障がどう関係するのか。しかも日本は同盟国である」と，憤りをあらわにしている。交渉相手が，日本からの輸入車を敵視し，保護主義を大上段にかかげるトランプだからこそ，「米国のふるまいは自由貿易の国際ルールを逸脱していることを指摘し，修正を求める。『自由貿易の旗手』をうたう首相は毅然（きぜん）と向き合ってほしい。トランプ氏の『暴走』を，これ以上許すわけにはいかない」との結論がみちびきだされる。

つぎは，日ロ外相会談（31日）の開催を受けての「（社説）動かぬロシア　対日交渉の意欲見えぬ」である*19。この会談にさきだって，安倍は，「北方四島の返還要求」において，「日本が長年堅持した原則からの大きな譲歩」をした。それが，要求を「当面は歯舞，色丹に絞ること」であった。こうして，日本側に態度の軟化がみられたものの，「ロシア側は入り口で条件をつけて，実質的な交渉に入れないまま」となっている状態をとりあげ，「そんなかたくなな姿勢では積年の問題が解きほぐせるはずもない」としている。同社説によれば，「今のロシアからは，日本との関係改善への信念は感じられない」という。なぜなら，「日米安保について，ロシアは90年代後半には，アジア太平洋の平和と安定に資するとして評価する考えを示していた」にもかかわらず，「今は，日本との交渉を，日米関係を揺さぶる手段として考えているかのようだ」からである。その証左に，「在日米軍を含む日米安保体制へのロシアの懸念を解消せよ」といった要望をあげることができる。

そして最後に，「60年前のきょう，現在の日米安保条約が調印された」という一文ではじまる，「（社説）安保改定60年　安定と価値の礎として」をみてみよう*20。ここでは，日米安全保障条約が調印されて「以来，日本の外交・安全保障政策の基軸であり続けている」「日米安保の重要性はこれからも変わるまい」など，日米安保体制を肯定する表現がみられる。こうした認識を示してはいるものの，同社説は，「日本では安保条約が憲法より上位にある―。過重な米軍基地の負担に苦しむ沖縄で何度も語られてきたこの言葉は，本来，安保が守るべき価値が，その名のもとに踏みにじられてきた現実を物語る」ことに着目している。くわえて，「ポスト冷戦の30年を振り返った時，軍事的な協力態勢の強化と，繰り返される自衛隊の海外派遣によって，憲法９条に示された理念が後退し続けている」事実も問題視している。こうした課題をかかえる日米安保体制をさらに複雑化させているのが，トランプの登場によって，「国際秩序の擁護者でなく，むしろ混乱要因となった米国とどう付き合うのか」という難題である。その解決策として，「日米安保を対立の枠組みにしてはならない」「米国の単なる代弁者であってはならない」「国民の理解と支持が不可欠だ」の三点をあげる。このように，「米国にただ付き従うのではなく，安定した国際秩序をいかに築くか。60年の積み重ねを踏まえた深慮を，日本外交が示す時である」というのが，『朝日新聞』の主張である。

（2）『毎日新聞』にみる日米関係

では，『毎日新聞』の社説において，トランプ政権下の日米関係はどのように論じられていたのであろうか。

まずは，2017年2月9日に掲載された「社説：安倍首相の訪米　言うべき事を言う旅に」をとりあげる*21。翌日の安倍・トランプ会談をひかえ，同社説は，「日米関係がアジア太平洋地域の安定と国際秩序の維持に貢献していけるよう，その土台づくりとなるような首脳会談にすべきだ」との注文をつけている。そして，「会談は，経済と安全保障が2大テーマとなりそうだ」とし*22，おのおのについての見解を明示している。第一の「経済は，どんな話し合いになるか見通しは不透明だ」としつつも，「日本に非がないのに米国に一方的にすり寄っていく印象を与えてしまっては，トランプ氏に不当な対日要求を持ち出す余地を与えかねない」と警戒をうながしている。それは，「トランプ氏は，日本の自動車市場が閉鎖的と批判するなど的外れな発言を続けている」からであり，「トランプ氏の保護主義は米国の利益にもならないことをしっかり説明し，自由貿易体制の重要性を理解してもらうべきだ」と力説する。このように，経済面で，「首相は安易に相手の土俵に乗るべきではない」というのが同社説の論調である。第二の安全保障だが，「今回の会談は，日米2国間だけの問題ではない」とし，「中国や北朝鮮などアジア太平洋地域はもちろんのこと，ロシア，中東，欧州などの情勢についても十分に意見を交わしてもらいたい」との要望をおこなっている。いうまでもなく，「日米関係の強化は重要だが，トランプ政権は従来の米政権とは違う」のであって，「自国の利益を第一に掲げ，そのために理不尽な主張をする米国に同調していては，日本に対する国際社会の信頼が損なわれる」との懸念をつよく示しているのだ。だからこそ，「首脳会談では，トランプ氏自身から日米安保体制についての認識を確認する必要がある」というわけである。

「本日，安倍晋三内閣総理大臣とドナルド・J・トランプ大統領は，ワシントンDCで最初の首脳会談を行い，日米同盟及び経済関係を一層強化するための強い決意を確認した」との文言ではじまる10日の「共同声明」の発表を受けて*[23]，「社説：日米首脳会談　厚遇の次に待つものは」がかかげられた*[24]。「今回の首相訪米は，トランプ氏との間で日米関係の重要性を再確認するのが主目的だった。その意味で，共同声明は日本側にとっておおむね満足いく内容となった」と，好意的な評価をしている。この背景には，とりわけ，経済面での“外圧”を予期していた「日本側は，これまでのトランプ氏の発言から不安がぬぐえなかったが，両国関係は順調に滑り出したように見える」点が大きいにちがいない。その好例が，「麻生太郎副総理兼財務相とペンス副大統領のもとでの経済対話創設で合意した」ことだ。そこには，この日米経済対話の枠組みこそが，「過激な発言を繰り返すトランプ氏の関与を薄められる」とのみたてがある。とはいえ，「『米国第一』を唱え国際協調に背を向けかねないトランプ米大統領とどういう日米関係を築いていくか，日本外交の難しい挑戦が始まった」との認識を披露していることからも，このときの首脳会談を無条件で評価しているわけではなさそうだ。たとえば，「これからさまざまな場面で譲歩を迫られることとセットになる可能性もある。先に日本が取りたいものを与え，米側の要求を拒めなくする戦術かもしれない」との記述からは，依然として警戒が必要とのスタンスがみてとれる。だからこそ，「２国間の通商協定に意欲的」なトランプが，「日本に自動車や農産物で一方的な市場開放要求を突きつけかねない」場面でも，「日本に必要なのは，理不尽な主張にはきちんと対抗していくこと」であって，安易な妥協をすることではないとする。また，安全保障面に関しても，「尖閣諸島への安保条約適用についても，米国が明言したからといって，日中間で尖閣をめぐる武力衝突が起きた場合，米国が必ず対日防衛義務を果たすとは限らない」と，楽観論をいましめている。さらに,「トランプ氏から尖閣への安保適用という言質を取ったことで，日本が通商交渉で米国の無理な要求を受け入れるようでは困る」や「在日米軍の駐留経費の負担問題は取り上げられなかったが，今後，防衛費の増額などの形で『応分の負担』を求められる可能性もある」といった懸念も表明している。このように,『毎日新聞』は,「『揺らぐことのない日米同盟』を確保するため，ただトランプ氏にすり寄るだけでは，日本は国際社会からの信頼を失いかねない」としたうえで,「日本は，米国が内向きにならず，国際協調に関与し続けるよう，つなぎ役を果たす責任がある」と結論づけている。

２週間ほどのちの「社説：予算案衆院通過　宿題が残されたままだ」では,「2017年度予算案が衆院を通過した」ことを受け,「改めて指摘しなければならないのは安倍晋三首相の答弁だ。批判されるとすぐムキになる一方で，経済政策に関しては相変わらず政府に好都合な数字ばかりを挙げて『旧民主党政権に比べてこれだけ良くなった』と自賛する姿が目立った」との批判をおこなっている*25。そこには,「アベノミクスは順調に進んでいるようには思えない」との思いがあるからだ。なお，同社説では,「米国でトランプ大統領が就任し，早々に日米首脳会談が行われる中での予算委審議だった。各種の世論調査では今回の会談を評価する声が多いためだろうか。野党の方が『今後の日米関係はどうあるべきか』の論戦に消極的だったように思える」との文脈で日米関係のワードが登場しただけでしかないことを付言しておこう。

「安倍晋三首相と初来日したトランプ米大統領が迎賓館で会談し，北朝鮮の核・ミサイル問題や日米経済問題などを協議した」のちの「社説：北朝鮮めぐる日米首脳会談　試される非核化の構想力」では,「両首脳の会談はこの９カ月半で５回目だ。電話協議は16回に及ぶ。日米首脳がこれほど緊密に連携した例はかつてない」との事実を紹介し,「幅広い課題を率直に議論できる日米関係の現状は評価されよう」としている*26。『毎日新聞』によると,「今回の会談の最大の焦点は，核兵器や大陸間弾道ミサイル（ICBM）技術を向上させる北朝鮮に日米がどう対応するかだった」ようだ。その意味で,

2017年10月22日に第48回衆議院議員総選挙を実施するにあたり，「北朝鮮問題を『国難』と言い切り，国民の危機意識を喚起し，争点化しようとした」安倍が*27，首脳会談後の「記者会見で『だれも紛争を望んでいない』と言う」のみで，「互いに自制して不測の事態を避ける方策について明確な説明」をしようとしなかったことに疑問を投げかけている。要するに，「米国が国際社会とともに経済的・外交的圧力をかけ，これを日本が支持することは当然」とはいえ，「圧力の先にどんな解決策を描いているのか」がまったく示されていないことに疑問を呈しているわけだ。さらに，「どういう手順で非核化を実現するのか」や「拉致問題の解決の道筋も明確ではない」点も問題視している。さらに，首脳会談で話しあわれた経済問題については，「摩擦を表に出さず，米国製の防衛装備品を売り込むトランプ氏に『質的にも量的にも拡充していきたい』と応じ，対北朝鮮の連携を演出した」ことに言及し，「そもそも日米同盟は2国関係の強化にとどまらず，アジア太平洋の秩序を維持し，この地域に自由と繁栄をもたらすことに存在意義がある」としている。また，いうまでもなく，「北朝鮮問題で中国の協力は不可欠」であるが，「日米関係と日中関係などとのバランスを取りながら，どう『危機』を克服していくかが，安倍外交に問われている」としている。

翌月に掲載されたのが，「社説：丸5年迎えた安倍内閣　懐深く合意の政治目指せ」である*28。同社説は，「安倍晋三首相が政権に返り咲いてから，きょうで丸5年となった」ことにあわせたもので，「国会で与党が圧倒的多数を占める政権基盤の厚みを生かして長期的な課題に腰を据えて取り組んできただろうか。残念ながらそうとは言えない」と，不満をあらわにする。たとえば，アベノミクスを看板政策にかかげているものの，「国民の間にある『将来への不安』が解消されない」ため，「肝心の個人消費は狙い通りに伸びない」し，「今も『デフレ脱却』宣言に至っていない」としている。そのうえ，「歳出は膨張し続け財政再建のめどは立たない」状況がつづくことにもふれている。また，外交面では，「『国難』と言う北朝鮮問題は米国頼みなのが実情で，解決の兆しは見えない」し，「特に米国のトランプ政権が誕生して以来，日米関係偏重に加え，防衛力の増強路線が一段と進んでいるように見える」ことに懸念を表明する。同社説によると，「確かに米国との良好な関係が日本外交の基本」とはしつつも，「『エルサレムはイスラエルの首都』と認めたトランプ大統領に国際的な批判が高まる中，大統領との距離をどう取っていくのかは今後の大きな課題だ」との認識を示す。ところで，「勝てば与党の数を頼りに国論を二分する法律を強引に成立させてきた」とし，同社説では，「民主政治は国民を分断するのではなく，極力合意を目指すべきものだ。大切なのは少数意見の尊重と徹底した議論である。にもかかわらず首相はそうした手続きを怠ってきた」事実がとりあげられている。

トランプが大統領に就任して1年たった翌日の「社説：トランプ1年　首相の親密さ　『100％共にある』への不安」で，「米国の威信が低下すれば日本も孤立化を深めないか。そうしたリスクを冷静に議論する必要がある」と，警鐘をならす*29。なぜなら，「日米関係が突出すれば，日本外交の幅をむしろ狭めるおそれもある」し，「米国だけが外交の相手ではない」からだ。だからこそ，「日本はこの1年，軍事面での協力の幅を広げてきた」ことを反省し，「専守防衛を基本に据えてきた日本の防衛力が議論もなく拡大すれば周辺国には脅威」になることを意識する必要性を説く。「米国第一」の名のもと，「トランプ政権は国際的な関与を弱めて自国のリスクを減らし，同盟国にその分の負担を求めている」が，たとえ，「同盟関係であっても立場や役割は違うし，なにが国益に資するかの判断も異なる」との考えにたって，行動していくことを求めている。

その4日後には，第196回国会（常会）の「衆院本会議できのう各党代表質問が始まり，野党からは立憲民主党の枝野幸男代表と希望の党の玉木雄一郎代表が登壇した」のを受けて，「社説：枝野，玉木両氏の代表質問　多弱なりの工夫がほしい」が紙面をかざった*30。「具体策の議論とともに首相の政治姿勢を真っ向からただしていくのが野党第1党代表の務めのはず」であったにもかかわらず，枝野幸男が，「北朝鮮の核・ミサイル問題やトランプ政権下の日米関係に関して，ほとんど触れなかった」ことを「残念」としていた。結論では，「分裂して多弱化が一層進んでいる野党だ。今後，方針が一致する課題では，質問内容を含めて戦略的に協力していく工夫が必要だ」と，政治姿勢の転換をうながしている。このように，今回の社説は，国会での議論のしかたをメインとしたもので，日米関係そのものについての言及はみられなかった。

「防衛省の防衛研究所が中国の軍事動向を分析した2018年版の『中国安全保障レポート』を発表した」のを機に掲載のあった，「社説：防衛研究所の対中報告書　緊張緩和へ日本も責任」においては，米中関係との関連で，日米関係についてふれられている*31。それは，日本にとって，「米国は唯一の同盟国であり，中国は最大の貿易国」となっており，「日本も米中関係の動向には無関係ではいられない」からである。そうしたなか，米中間の「軍備拡張競争の気配が強まる」ばかりで，それをふまえた「報告書は，米中関係が『岐路』にあると位置付けた」。まちがいなく，「アジアの安全保障環境の安定こそが日本の国益」であり，日中関係を改善することはもちろん，そこに「強固な日米関係が加われば，日米中関係の強化にもつながるはずだ」との期待をにじませている。今後も，「北朝鮮問題など日米中が連携して解決すべき課題は多い」のであり，「米中の今が対決ではなく安定に向かう『岐路』となるよう，日本も尽力すべきだ」と，日本の積極的な対応を求めている。

５月30日に開催された，「安倍晋三首相と立憲民主党の枝野幸男代表らとの党首討論」では，「相変わらず首相は聞かれたことにまともに答えず，時間を空費する場面が目立った」ようだが，それを話題としたのが，「社説：１年半ぶりの党首討論　本質そらしは首相の方だ」である*32。「党首討論は『国家の基本政策』を議論する場」との安倍のことばもあってか，国民民主党・共同代表の玉木雄一郎は，「日米関係を中心にただした」。「玉木氏が米国の自動車関税引き上げ問題で『トランプ大統領から事前に連絡はあったか』と聞くと，首相は鉄鋼・アルミニウムの輸入制限話を延々とした末に，肝心の答えは『詳細は話せない』だった」という。「党首討論の時間はわずか計45分間」であり，「いかに時間がもったいないことか」との印象を述べている。

「約1年半ぶり」となった党首討論であるが,「時間の大幅延長」のまえに,「まず改めるべきは首相の姿勢である」と苦言を呈している。今回も，日米関係そのものに関する毎日新聞社の立場が記されることはなかった。

日米関係についての『毎日新聞』のスタンスが明示されたのは，9月20日の自民党総裁選挙の投開票日をまえにかかげられた,「社説：安倍政治を問う 対トランプ政権 懐に入っての成果は何か」においてである*33。冒頭,「日米外交が揺れている。同盟に変調をもたらす根源が，トランプ米大統領だ」として，7日に告示された「自民党総裁選は日米同盟の議論を深める機会になろう」との期待をにじませている。そこには，安倍が「今回の総裁選で『戦後外交の総決算』を掲げた」ものの,「日米同盟の将来展望は示されていない」ことへの不満がある。同社説のいい分をみていこう。安倍は「2016年11月の大統領選から9日後」に,「世界の首脳に先駆けて次期大統領のトランプ氏と会談」をし,「まさに信頼できる指導者だと確信した」との感想をもらした。ただ，このとき，日本側は,「現職のオバマ大統領に事前の了解を得ていなかった」ため,「外交上，非礼ととられかねない会談」であったという*34。このような外交儀礼を欠いた行動をした背景には,「トランプ氏が選挙中，在日米軍経費の負担増など日米安全保障体制の見直しにも触れていた」ことが大きい。ここまでして「トランプ氏の懐に飛び込んだ首相だが，首脳間で培った親交が日本にとって有利な状況を生み出しているとは必ずしも言い切れない」というのが，同社説の見方だ。そこであげられた例が,「首相は北朝鮮に最大限の圧力を加えるという米国を『100%ともにある』と支持したが，トランプ氏の唐突な対話路線への転換ではしごを外された」ことである。「同盟をさほど重視しないトランプ氏」は,「軍事費拠出が足りないと批判し，駐留米軍の撤退さえ口にする。貿易赤字が多額だとして友好国であっても制裁関税をかける」といった具合に，これまでの大統領とくらべても,「異端」といえる。「自由で安全な国際秩序のリーダーという米国であればこそ，日米同盟の価値が増大し，日本が国際社会に活動の場を広げる利点も生まれる」が,「米国が東アジアの平和や世界経済の繁栄より，軍事負担の軽減や国内向けのアピールを優先させるなら，同盟の価値は著しく低下」するにちがいない，というのが同社説の見解である。では，そうならないために，日本はどうすればよいのか。「まずは，日米同盟の存在は米国にとって有益だと説明すること」をあげる。要するに，「アジア太平洋の抑止装置である同盟は，この地域に利益を有する米国にとって不可欠なもの」であるという意識をトランプにもたせるというわけだ。さらには，「国際経済の土台が崩れないようにする」ため，「一国だけの繁栄はありえないグローバル経済の中で，多国間主義の重要性を改めて示すこと」もいうまでもなかろう。最後に，当該社説のなかで，日本における国家安全保障会議（NSC）の設置（2013年12月4日）について，「戦略的な外交を展開するうえで，世界水準の組織を具体化したことは評価されよう」としているのが，興味深い。

「日本を舞台に外交が目まぐるしく動く」2019年になってはじめてのものが，「社説：次の扉へ　日本外交の構想力　国際協調を先導できるか」である*35。この年，「6月に大阪で主要20カ国・地域（G20）首脳会議，8月に横浜でアフリカ開発会議（TICAD）があり，10月には新天皇の『即位の礼』に伴う首脳外交などが控える」こともあり，「複雑に国益が絡む外交で成果を出し，日本の評価を高める戦略を構築するにはどうすればいいか。日本外交の構想力が問われる1年になる」ため，いくつかの注文がつけられている。そこでは，「日本外交の基本は日米同盟と国際協調であるにもかかわらず，「米中対立により日米同盟のジレンマが深まっている現実」を目のあたりにして，「足元は危うい」との考えを表明する。ここでいう「米中対立」とは，妥協点のみえない「貿易戦争」と「長期化が避けられない」，「サイバー攻撃も絡むハイテク覇権争い」のことで，「世界に多大な影響を与える」，「今年最大の焦点」とまでいいきっている。また，「日米同盟のジレンマ」については，「日本は，軍事的に中国に強い姿勢をとる米国を支持する一方で，貿易問題では米国と対立するという引き裂かれた状況に置かれている」状態をさす。そのうえ，米国は，「日本には高額兵器の購入を次々と迫る」しまつで，「防衛費は5年連続で過去最大」を記録する。このように，「日本の安全を『人質』のように取られて，言われるままに防衛装備品を調達するのであれば，健全な同盟関係とは言えない」との思いが同社説にはつよい。「同盟を国益ではなく負担と考えている」，「トランプ政権下の日米関係は不安定にならざるを得ない」。だからこそ，「同盟を基軸としつつ，対米一辺倒から抜け出すことが，日本外交の新たな展開力を生み出すのではないか」という方策を打ちだす。その流れで，「やがて経済規模で米国を追い抜き，軍事でも米国と競う」中国とのあいだで，「関係改善を進める安倍政権の姿勢は評価できよう」としている。懸案の「北方領土問題を解決して日露関係を強化すれば中国に対するバランス装置にもなる」ものの，ここでの「安易な妥協は，日露接近を懸念する米国の不信を招く」ことにも注意をうながしている。また，「競い合う大国がそれぞれ同盟を形成する際，『第三国はより強い国を選ぶ』という『バンドワゴン』の力学が働く」のは周知のとおりで，「国際社会で米国の地位が低下し，中露が台頭する中」，日本が「安定した秩序構築に向け国際協調を主導」するためにも，「途上国への目配りは欠かせない」との視点を提供している。

国賓として来日したトランプと安倍との首脳会談がおこなわれた（5月27日）翌日，「政策課題で大きな進展がない中，際立ったのは，トランプ氏への異例のもてなしだ」とする，「社説：米大統領への特別待遇　長期の国益にかなうのか」のなかで，安倍外交のあり方を非難した*36。「日米同盟は日本外交の基軸だ。日本の問題を解決するために米国の力を必要とする場合は確かにある。ときには破格の処遇で歓心を買うことも必要だろう」としたうえで，「ただし，それが正当化されるのは国益を守る手段になる場合だ。国益とは安定的な国際秩序を維持し，自由で公正な貿易を堅持することである。それにかなっているだろうか」との問題提起をする。その理由として，安倍との５度目の「ゴルフ直後にトランプ氏が発したツイッターの投稿」で，「日米貿易交渉について『７月の（参院）選挙後まで待つことになるだろう』」と記したことをとりあげ，「米国は日本の米国産農産物に対する関税の早期撤廃を求めている。しかし，参院選前に合意を急げば安倍政権に不利になるおそれもある」との感想をもらし，「投稿は，選挙前に譲歩を迫られる交渉は避けたいという安倍政権の意向を反映したものだろう」との推測を記す。しかし，こうした展開が，「あまりに目先の損得にとらわれていないか」とし，「安倍政権の『政権益』になっても，国益にそうかはわからない。有権者を欺く行為と言われても仕方ないだろう」と切りすてている。くわえて，「そうした『取引』があるなら，トランプ氏はいずれ見返りを求めてくる」とし，2020年に「大統領選を控えて要求を高めてきても不思議ではない」と予想する。「トランプ氏は8月の合意に期待を示したが，日本が安易に妥協する筋合いはなかろう」というのが，同社説の主張だ。そのためにも，「自動車の数量制限をちらつかせる」，「トランプ氏に自由貿易の価値をひざ詰めで説く」必要があると説く。その根底には，いくら「良好な関係を世界にアピールしても，対米追従とみられれば外交上の得点にはならない」との思いがある。懸案の普天間飛行場の名護市辺野古への移設についても言及し，「首相が培ったトランプ氏との信頼関係」があれば，「沖縄の意向を反映するよう腹を割って話し合うこともできよう」と述べている。また，「短距離弾道ミサイルは日本にとって大きな脅威である」のに，北朝鮮が「短距離弾道ミサイルを発射したことについてトランプ氏が問題視しない姿勢を示している」なか，「日本への直接の脅威をめぐる米国との危機認識の共有はできているのだろうか」との問いを発する。いずれにせよ，安倍は，「日本の国益を見据え，長期的な視座で日米関係を築く必要」について熟慮すべきというわけだ。

「社説：米中対立とG20閣僚会合　反保護主義言えぬ無力さ」は，「主要20カ国・地域（G20）の財務相と貿易担当相がそれぞれ世界経済の課題を話し合う会合を日本で開いた」ことから執筆された*37。というのは，「反保護主義はG20の原点」であるにもかかわらず，「両会合とも共同声明に保護主義反対を盛り込まなかった」からだ。この背景には，「『米国第一』を振りかざすトランプ政権が発足」したことがあり，それによって，「G20の反保護主義は弱められた。昨年の首脳会議では米国の意向でついに削除され，今回も追認してしまった」かたちとなった。「本来，保護主義的な動きが広がるほどG20として歯止めをかける必要性が増すはず」であるのに，「声明の取りまとめを優先して超大国に配慮し，保護主義に明確な懸念を示せなかった」事実を「本末転倒」としている。「これでは，G20として，米中対立の行方をただ見守るだけと言っているようなもの」でしかない。最後に，同社説は，「日本は今回，多国間協調の必要性は唱えたが，対立緩和に踏み込んで議論を主導した形跡はない。トランプ氏を刺激し，日米関係に悪影響が及ぶことを懸念したとみられても仕方がない。首脳会議では対立に歯止めをかけるよう努めるべきだ」と結論づけた。

「米国が一方的に日本防衛義務を負うのは不公平との趣旨」の「日米安全保障条約に関するトランプ米大統領の発言が，再び波紋を広げている」なかで書かれたのが，「社説：トランプ氏の安保発言　冷静に最適な関係追求を」だ*38。外務省のホームページには，G20（主要20カ国・地域）大阪サミットの折りにひらかれた安倍・トランプ会談（6月28日）では，「両首脳は，4月の安倍総理訪米，5月のトランプ大統領夫妻の国賓としての訪日に加え，改めてトランプ大統領が訪日するなど，短期間にこれだけ頻繁に首脳の往来があることは，日米同盟が史上かつてなく強固である証であるとの認識を共有し，揺るぎない日米同盟を今後とも一層強化していくことで一致しました」と明記されているが*39，トランプは，「日本滞在中の記者会見では，条約改定の必要性を『半年間』安倍晋三首相に伝えてきたと明言した」のである。このトランプの発言をめぐって，「『首脳会談での公式発言ではない』との理由から日本政府が放置するのは決して賢明ではない」とし，適切に対処しなければ，「トランプ氏を支持する米国民の間で日米安保への誤解が広がったり，日本国内で対米自立などの極論が芽生えたりする恐れがある」との警告を発する。そして，同社説では，「日本は米国を守らないという『片務性』をトランプ氏は攻撃しているが，日本の基地提供義務が，米軍の東アジア戦略にとって死活的に重要なことを度外視している」「日本が在日米軍の駐留経費について米国の他の同盟国よりも巨額の負担をしてきたことも考慮していない」との反論がなされる*40。強調されるのが，「同盟は双方の国民が理解してこそ強くなる」との見解であり，「最適な日米関係を追求する冷静な議論がここは必要だ」ということだ。ここではまた,「トランプ流の圧力でそれを弱体化させたら，米国主導の国際秩序に挑戦している中国の思うつぼ」と，中国との関連で，日米関係をとらえているのがわかる。また，同社説では，トランプの発言を受けて,「対米ナショナリズムによりかかった自主防衛論や日本の核武装論」を「あまりに非現実的」とし，さらに,「トランプ発言を奇貨として憲法改正を唱えるのも論理の飛躍がある」と論じている。

では，最後に,「社説：日米安保条約改定60年　激動期に適合する同盟に」をみてみよう*41。ここでは,「日本が再び戦禍を被ることがなかったのは，平和主義の理念だけでなく世界最強国との同盟が結果的に抑止力となったからだろう」として，日米安全保障体制のメリットに着目している。そして，トランプの「持論の日本による安全保障の『ただ乗り』論」について,「『ただ乗り』は的外れの指摘だ」と断じる。その根拠として，日米安全保障条約・第6条で明記された，日本による米国への基地提供義務をとりあげる*42。これによって,「米軍は抑止力を提供しただけでなく，日本周辺海域の航行の安全を確保し，貿易の拡大など経済的な恩恵も双方にもたらした」というのだ。とはいえ,「トランプ氏は米軍駐留経費の負担増額を日本に要請している」こともあり,「日本にとって米国との同盟が安全や経済の利益を最大化する基盤であることに変わりはない」が,「まず同盟を固め直す必要がある」と説く。たとえば,「米国依存が生んだ対米追従の構図から脱却することも迫られる」として,「米国追従のいびつさを象徴する」,「沖縄の米軍基地問題」をあげる。「沖縄の反発を抑え込もう」とするなかで「建設された基地の運営は不安定」となり，けっして「米国の利益にもならない」という。さらに,「手付かず」のまま,「駐留米軍の特権を認めた日米地位協定」にもふれ,「互いの信頼が低下すれば同盟も揺らぐ」ことから,「地位協定の改定は急務だ」とする。結局,「同盟の価値はカネで測れるものではない」という事実をつよく意識して,「不断の手入れ」をおこたることなく,「現実の世界に適合する同盟を構築する」ことを訴える。また，今後は,「米国を基軸に同盟国同士の連携が不可欠」とし，既存の「日米韓や日米豪，日米印などの枠組み」

以外にも，「日本は新たなネットワークづくりを引き続き主導すべきだ」と力説する。

（3）『読売新聞』にみる日米関係

まず，「『損得』に過敏な外交姿勢を鮮明にするトランプ米大統領との間で，同盟関係を政治，経済両面でどう強化するのか。その具体論が問われる」との一文からはじまる，「［社説］日米電話会談　肝心なのは同盟強化の各論だ」からみていこう*43。当該社説は，トランプの大統領就任式から10日後に掲載されたものであるが，2月10日の日米首脳会談への注文といった色彩をもつ。社説では，「『米国第一』を掲げ，強烈な個性を持つ相手だけに，まずは首脳間で信頼関係を醸成することが大切だ」と，トランプの出方を警戒している様子がうかがえる。忘れてはならないのは，「トランプ氏は外交経験がなく，アジア情勢や日米関係に詳しい知見があるわけではない」という事実だ。だからこそ，「首脳会談でも，トランプ氏の事実誤認には適切に反論しつつ，生産的な経済関係の構築に向けて論議を深めることが重要」となってくる。では，安倍はトランプになにを伝えればよいのであろうか。『読売新聞』によれば，「長年，アジア太平洋地域の平和と繁栄に貢献し，国際公共財と評価されてきた日米同盟をさらに発展させること」で，「世界と地域を安定させ，日米両国がともに利益を享受することが可能となる」という点，さらには，「中国は独善的な海洋進出を加速させ，北朝鮮は核・ミサイル開発に突き進んでいる。日米同盟の足並みが乱れれば，中朝の危険な挑発行為を招きかねない」という点である。また，同社説は，「同盟の実効性を向上させる」ためにも，「日本は，在日米軍の経費負担の増額ではなく，自衛隊の国際的な役割を拡大すること」を提言している。また，「視野が狭いトランプ氏の通商政策」については，「米国の巨額の貿易赤字は相手国の不公正な貿易政策のせいだという偏見」をとりのぞくことを示唆している。このように，今回の首脳会談を「単なる社交辞令にしてはなるまい」というのが一貫したテーマである。

つづいて，日米関係に関する社説がかかげられたのは，「麻生副総理とペンス米副大統領が，東京で初の日米経済対話に臨んだ」ことを受けてである*44。「［社説］米副大統領来日　経済対話で互恵を目指したい」では，当初の予想どおり，米国側が，「自由貿易協定（FTA）を念頭に2国間交渉に軸足を移し，米国の利益を追求する構えを鮮明にした」ことが紹介され，「重要なのは，両国が思惑の違いを乗り越え，今後本格化する個別分野の協議での建設的な議論につなげていくことである」とのメッセージを発する。ここには，「日本の対米投資は米国で多くの雇用を生んでいる。トランプ米大統領の保護主義的な言動は，実態を踏まえたものとは言い難い」とする認識がある。また，懸案の北朝鮮問題をめぐっては，「北朝鮮の核実験や弾道ミサイル発射などの抑止には，厳しい懲罰行動も辞さない姿勢を示すことが欠かせない」とし，とりわけ，「様々な北朝鮮へのムチを持つ中国を最大限活用することが大切だ」と説く。それゆえ，「中国に政策転換を迫るため，米国が北朝鮮の核問題の解決を本気で目指す方針を明確にする必要がある。日韓両国も足並みをそろえ，これを後押しせねばならない」との結論をみちびいている。

9月1日の「民進党代表選で，前原誠司元外相が枝野幸男元官房長官を破り，新代表に選出された」のちの「［社説］前原民進新代表　野党共闘の見直しが試金石だ」においては，「疑問なのは，前原氏が安全保障関連法廃止に言及したことだ」とし，「集団的自衛権行使の限定容認や平時の米艦防護などを可能にしたことは，日米同盟を強化した。北朝鮮や中国の挑発が続く中，抑止力を向上させた意義は大きい」と，前原誠司の考え方に異を唱える*45。そのうえ，「安保関連法を廃止すれば，米国との信頼の基盤が崩れよう。普天間問題で日米関係を迷走させた民主党政権の失敗を忘れたのか」と，安全保障関連法に対する立場を一変するよう，うながす。また，敗北こそ喫したものの，「リベラル系が推す枝野氏は，共産党との協力を重視し，米軍普天間飛行場の辺野古移設に否定的な考えを示すなど，“左傾化”が目立った」とするなど，安倍政権の手法を是認していることがわかる。

「［社説］安保関連法２年　『北朝鮮対処』を支える土台だ」は，「安全保障関連法の制定から，（９月）19日で２年を迎えた」（カッコ内，引用者補足）のを機に，書かれた*46。安全保障関連法の成立によって，「とりわけ意義深いのは米艦防護が可能になったことだ」とし，海上自衛隊の護衛艦が，「北朝鮮の弾道ミサイル発射を警戒する米海軍のイージス艦に対し，給油活動も数回実施している」事実をたかく評価している。なぜなら，これによって「24時間体制でミサイル発射を監視する米軍艦船にとって，基地に戻らずに任務を継続できる」こととなるからだ。このように，「米軍が日本を一方的に守るのでなく，自衛隊が時に米軍艦船を警護し，給油などの後方支援を行う。そうした双方向の協力関係の構築によって，真の信頼が醸成され，日米同盟は一段と強固になる」というのが，同社説の描く日米同盟のあるべきかたちといえよう。ここには，「同盟関係は条約を結ぶだけでは機能しない」との意識が色こく反映されている。さらに，「日々の連携が抑止力になることを忘れてはなるまい」として，「北朝鮮の核・ミサイルの脅威が現状にまで拡大する前に，特定秘密保護法と安保関連法を成立させたことは，大きな意味を持つ」と，安倍政権の対応にエールを送っている。

さて，10月10日に公示された第48回衆議院選挙のさなかにかかげられたのが，「［社説］安全保障　北朝鮮への備えを冷静に語れ」だ*47。周知のように，この選挙は，「国難突破解散」を受けておこなわれたものである。それゆえ，社説でも北朝鮮問題について，「トランプ米大統領は，北朝鮮に対する軍事的な選択肢に繰り返し言及している。今後，米朝間の緊張が高まり，一触即発の事態に発展する可能性も否定できない」なか，「首相は遊説で，国連安全保障理事会の制裁決議を履行し，北朝鮮に政策転換を促す考えを訴える。対話のための対話を否定し，『ぶれてはならない』と力説している」姿にふれ，「北朝鮮が核ミサイル開発に固執する姿勢のまま対話に臨んでも，成果は期待できまい。首相の目指す方向性は妥当である」と，安倍の北朝鮮への強硬姿勢を肯定している。とはいえ，「軍事的圧力は欠かせないが，トランプ流の暴言には不安を抱かざるを得ない」とし，「首相は，米国の先制攻撃まで支持すると受け取られるような言動は慎むべきだ」との忠告をおこなっている。さらに，北朝鮮という不安定要因にくわえ，「尖閣諸島周辺での中国の活発な海洋進出を含め，日本の安全保障環境は一段と厳しくなってきた。日米同盟と国際連携を強化した安全保障関連法の重要性が増しているのは確かである」と，あらためて，安全保障関連法をたかく位置づけている。そこからは，「北朝鮮対応で，自衛隊は米軍と共同で警戒活動を行うなど，緊密に連携している。安保関連法に基づく米艦防護や給油で日米の信頼関係はかつてなく高まった」なか，万一，「安保関連法を廃止すれば，日米関係は悪化し，日本の抑止力も弱まる。廃止論は疑問である」との立場がみてとれる。難航している「辺野古移設は，日米両政府が，地元の意見を踏まえて調整した実現可能な唯一の解決策」であり，「市街地にある普天間飛行場の辺野古移設を完遂する必要がある」との主張を展開する。

2018年２月７日，「安倍首相が，来日したペンス米副大統領と会談した」折り，マイク・ペンスは，北朝鮮に対して，「軍事行動を排除しない考えを示唆した」という*48。そのことに関連し，同社説は，「朝鮮半島危機を想定した抑止力の強化も課題である」とした。そして，「ペンス氏は会談に先だって，防衛省で，弾道ミサイルに備えて展開中の地対空誘導弾『PAC3』を視察した。外務省と米国務省，自衛隊と米軍など，様々なレベルで重層的に関係を強化し，日米同盟の実効性を高めたい」との期待をにじませた。その場合に，「韓国を交えた３か国の安保協力の深化も欠かせない」ことにも目くばりをしている。また，「『米国第一』を標榜（ひょうぼう）するトランプ政権は，対日貿易赤字の縮小を日本政府に求めている」ものの，「貿易を巡る立場の違いが日米関係全体を損なわないよう，建設的に協議を進めたい」と，日米経済対話の方向性についても注文をつけている。なお，今回の社説のタイトルは，「［社説］米副大統領来日　北の融和姿勢に惑わされまい」というものであった。

国際連合（国連）の総会におけるトランプの演説（９月25日）を受けて，「［社説］トランプ外交　『米国第一』で孤立を招くな」がかかげられた*49。この題名からもわかるように，「国益を最優先しつつ，他国と協調し，国際秩序の維持や地球規模の課題解決に努める。超大国の指導者に求められる責務だ。その自覚を欠く発言に懸念を深めざるを得ない」というのが，『読売新聞』のスタンスだ。社説では，「歴代の米大統領は，自由や民主主義を共有する米国中心の同盟が世界の安定を支えているという認識を示してきた」にもかかわらず，「11月の中間選挙を前に，トランプ氏が『内向き』姿勢を強め，選挙集会のような演説を国連で行ったのは問題だ」と，トランプの演説内容を一刀両断にしている。そして，「愛国心と国際協調は相反しない」ものの，「米国が多国間主義を敵視し，自国の利益にこだわれば，同盟国や友好国の信頼を失い，孤立を招く恐れがある」との懸念を表明する。おなじ国連の場で，「『ウィンウィン（共存共栄）』の日米関係を強調し，自由貿易体制の維持，強化を主導する意欲を表明した」安倍の演説にふれ，「強弱の差はあれ，『米国第一』に対する危惧が同盟国から相次いで示されたことを，トランプ氏は重く受け止めるべきである」と論じる。

26日におこなわれていた日米首脳会談に関連して掲載されたのが，「［社説］日米首脳会談　建設的な通商関係を構築せよ」である*50。「安倍首相がトランプ米大統領と会談し，2国間の関税交渉を開始することで合意した。モノの取引を円滑にする物品貿易協定（TAG）の締結を目指す方針」とし，「通商問題での対立をひとまず回避し，結束を確認した意義は大きい」と評した。「ただし，TAG交渉の先行きを楽観することは禁物である」との警戒感も同時に示している。というのは，「2020年に行われる大統領選での再選を目指している」トランプにとって，「11月に中間選挙が終わった後も，自由貿易の原則から外れた不当な譲歩を，相手国に迫る手法に大きな変化は望めまい」との予測が容易であるからだ。とりわけ，今回の「首脳会談での懸案は，米国が検討する輸入自動車への制裁関税措置の取り扱いだった」。会談後にだされた共同声明には，「協議が行われている間，本共同声明の精神に反する行動を取らない」と明記されていたが*51，「交渉中は制裁を発動しない考えを示したものだ」との日本側の説明を問題視し，「本来は，制裁の検討自体を撤回するよう求めるべきである」と憤慨している。くわえて，「トランプ氏が，日米交渉の内容に満足できない場合，制裁関税を再び持ち出してこないか」との疑問も提示している。いずれにせよ，同社説からは，「数量規制は，自由貿易を歪（ゆが）め，世界貿易機関（WTO）協定に違反する公算が大きい。不合理な提案は，毅然（きぜん）と拒否すべきだ」との見解がみちびきだされる。それに，「日本は輸入車に関税をかけておらず，大量の車を米国で生産してもいる。そもそも日本車を問題視するのは理屈に合わない」のだ。また，「２回目の米朝首脳会談の準備が進む中」で，「気がかりなのは，北朝鮮との関係改善に前のめりなトランプ氏の姿勢だ」とし，「期限を区切って，核廃棄の具体的な措置を取らせることが重要だ。首相はトランプ氏に繰り返し，そう伝えることが大切である」との注文をつけている。

「[社説] 2019年の外交　国際協調の立て直し主導せよ」は，2019年の初頭にあたって，「日本は，揺らいでいる国際協調の立て直しを主導しなければならない」と力説する*52。なかでも，「協調体制が試されるのは，６月に大阪で開かれる主要20か国・地域（G20）首脳会議だ」として，「米中の意見対立を解消できなかった，昨年のG20の二の舞いは，避けねばならない」との警告を発している*53。そうした課題があるなかでも，依然として，「日本外交を進める土台となるのは，堅固な日米同盟である」。だからこそ，「内向きの姿勢を強めている」トランプに対して，「米軍の存在がアジア太平洋地域の平和と安定の要であることを改めて確認する必要がある」というわけだ。いうまでもなく，「日米関係の安定には，貿易を巡る対立を先鋭化させないことが肝要となろう。近く始まる通商交渉では，双方の利益拡大に資する合意を目指すべきである」と断言する。もちろん，「膠着（こうちゃく）状態に陥っている北朝鮮の核問題に関し，日米の首脳間で情報を共有し，政策を綿密にすり合わせることも求められる」。また，「覇権的な行動を続ける中国の動向」を念頭におき，「昨年改定した防衛大綱に基づき，自衛隊と米軍が連携し，中国への抑止力を高めることが欠かせない。宇宙やサイバーなど，新たな領域の協力も進めるべきだ」と論じる。だが，「尖閣諸島周辺での挑発行為を自制するよう促して軋轢（あつれき）を減らし，中国と長期的に安定した関係を築くことが重要である」との視点も失っていない。

4月26日，日米首脳会談がもよおされた[*54]。「［社説］日米首脳会談　双方に資する貿易協定が要る」のなかでは，「日米両国は強固な関係を維持し，アジア太平洋地域の安定と繁栄を図らねばならない。首脳間で緊密な連携の重要性を確認した意義は大きい」との高評価をあたえている[*55]。また，両首脳は，「新たな貿易協定交渉を加速させることで合意した」が，このことについても，「両首脳が，通商問題などを巡る対立を表面化させなかったのは適切だと言えよう」と，まえむきにとらえている。しかしながら，「日米間には依然として，意見の相違も目立つ」ため，「交渉の行方は，なお予断を許さない」との予測を示す。なお，「日本は夏の参院選後の合意を望む」一方で，米国側は，「2020年の大統領選をにらみ，早急に成果を上げたい意向がある」との記述からも，洋の東西を問わず，経済摩擦と選挙との密接な関連性が浮き彫りとなる[*56]。「農畜産品の貿易について『日本は重い関税を課している』と強い不満」をもつ米国側のスタンスについて，「離脱した米国が，TPP加盟国より有利な条件を獲得するのは許されまい。早期妥結を迫るのなら，米国はTPPと同様の水準で折り合うべきである」との論陣をはる。また，「米国の対日貿易赤字は，自動車分野が大半を占める」のは，周知のとおりであり，「トランプ氏は，今回の会談でも，貿易赤字の削減に固執する姿勢を示した」ようだ。そのため，今後も，「日本車への制裁関税や輸出数量規制を持ち出してくる可能性を，引き続き警戒」する必要があると同時に，「自由貿易を歪め，国際ルールに反するような提案があれば，毅然と拒否することが不可欠だ」と，あるべき日本側の交渉姿勢を訴える。最後の結論部では，「両首脳は，日米同盟の抑止力を高めていくことでも一致した。宇宙やサイバーなど，新たな領域での防衛協力を深めたい」としている。

国賓として日本を訪れたトランプは，5月27日に安倍と会談をおこなったが，その翌日の「［社説］日米首脳会談　多国間協調を主導する同盟に」では，「異例の歓待で培ったパイプは，日米関係だけでなく，国際協調の推進にも役立てることが肝要だ」とし，「日米両国は，同盟関係を一層深化させて，多国間協調を主導していかなければならない」と記す*57。なぜ，同社説は，多国間の協調に着目するのか。それは，「トランプ氏が米国第一主義を掲げ，欧州の同盟国との関係がぎくしゃくしている」からであり，「北大西洋条約機構（NATO）の結束も揺らいでいる」からだ。いうまでもなく，「米国が孤立する事態は，安全保障や経済で深い関係を持つ日本にとって，望ましくない」のであって，「内向きになりがちなトランプ氏に，首相は国際社会と連携する重要性を粘り強く説くべきだ」との意見にいたる。その舞台として，主要20か国・地域（G20）首脳会議や主要７か国（G7）首脳会議の場で，「米国と他国の対立が先鋭化しないよう，日本は調整力を発揮しなければならない」と，日本の活躍に期待をよせる。また，日米間の経済摩擦については，「貿易収支は景気や為替など様々な要因に左右される」のであり，「２国間合意だけでは制御できない。赤字削減に固執する意味が乏しいことを，米国に訴え続けるべきだ」と言明する。とりわけ，「トランプ氏は今月半ば，180日以内に自動車の対米輸出を制限する合意に至らなければ，日本に制裁措置を課す考えを示唆した」ことにふれ，「制裁をちらつかせながら一方的に交渉期限を設けて譲歩を迫る手法は，国際ルールに反しよう。対米輸出台数に上限を設けるといった数量規制を提案されても，日本は拒否せねばならない」と，いいはなつ。また，北朝鮮の核・ミサイル問題に関しては，「日米は安易な妥協を排し，制裁を維持しなければならない」とし，日本人拉致問題については，「首相は前提条件を付けずに，金正恩朝鮮労働党委員長と会談する意向を伝えた」ことに，「トランプ氏が全面的な支持を表明したのは心強い」との印象を語っている。

最後に，「［社説］政権交代10年　民主党の過ち繰り返すのか」をみよう*58。「民主党時代の反省を生かす気はあるのか，野党の現状を憂慮せざるを得ない」との文言からもわかるように，同社説では，野党への批判がくり返される。具体例をあげれば，「鳩山内閣は，沖縄県の米軍普天間飛行場の移設計画で『県外移設』にこだわり，日米関係を悪化させた。沖縄の不信感も買い，今に続く混乱を招いた責任は重い」「理念や政策の一致を後回しにして，『数合わせ』

に終始してきた印象が強い」「立民，国民両党は7月の参院選で，巨額の費用を要する政策を訴える一方，消費税率引き上げに関しては，凍結や中止を主張した。説得力のある財源を示しておらず，現実性に乏しい。民主党時代の失敗を忘れているのか」などである。このように，同社説は，日米関係そのものを論じたものではない。

3 結び

全国紙3紙の社説の内容を検討してきたが，はたして，ここから，どのようなことがいえるのであろうか。若干の比較・検討をおこないたい。

周知のように，『朝日新聞』と『読売新聞』では，その政治的なたち位置が大きく異なるといわれる。たとえば，普天間飛行場の名護市辺野古への移設をめぐって，前者は，「政府がなすべきは，沖縄の声をトランプ米新政権に伝え，辺野古以外の選択肢を真剣に検討することだ。工事を強行することではない」と説く。こうした見解が示される背景には，「たび重なる選挙結果で，辺野古移設に反対する民意は明らかだ」との考え方がある*59。では，後者はどうか。「辺野古移設は，日米両政府が，地元の意見を踏まえて調整した実現可能な唯一の解決策だ」と断じ，「市街地にある普天間飛行場の辺野古移設を完遂する必要がある」との主張を展開する*60。

また，サイバー攻撃への対処については，『読売新聞』が「両首脳は，日米同盟の抑止力を高めていくことでも一致した。宇宙やサイバーなど，新たな領域での防衛協力を深めたい」と積極姿勢をみせているのに対して*61，『朝日新聞』は，「サイバー攻撃を受けた日本を米国が守るというのなら，逆のケースで，日本が米国に協力を求められることもありえよう。安全保障関連法で集団的自衛権の行使を認めた存立危機事態の定義は曖昧（あいまい）なままだ。米国への深刻なサイバー攻撃が存立危機事態と認定される可能性も否定できない」との危惧を示す*62。

では，両紙のあいだに共通の見解は存在しないのであろうか。例をあげてみよう。『朝日新聞』は，「現在の日米安保条約が調印された」とき「以来，日本の外交・安全保障政策の基軸であり続けている」とし*63，『読売新聞』も，「日本外交を進める土台となるのは，堅固な日米同盟である」といいきっている*64。「基軸」と「土台」という文言のちがいはあるが，両紙ともに，日米安全保障体制を評価していることはまちがいない。その文脈で，「日米関係は，アジア太平洋地域の平和と安定に資する『公共財』でもある」*65「長年，アジア太平洋地域の平和と繁栄に貢献し，国際公共財と評価されてきた日米同盟をさらに発展させることだ」*66といった具合に，両紙ともに，日米関係・日米安全保障条約を「公共財」としてとらえている。

また，トランプに対する不安感も共有されているようだ。なかでも，経済面における保護主義的な手法に対する批判は共通している。『読売新聞』では，「トランプ米大統領の保護主義的な言動は，実態を踏まえたものとは言い難い」とされているし*67，『朝日新聞』でも，「保護主義は得策ではない。その大原則を守るよう，米国にクギを刺すことが最優先の課題だ」との論陣がはられる*68。とりわけ，トランプが関心を有する自動車に関して，『朝日新聞』が，「トランプ政権は先日，日本などからの輸入車が『米国の安全保障を脅かしている』と結論づけた」ことをとりあげ，「筋違いも甚だしい。一般の国民も使う自動車と安全保障がどう関係するのか。しかも日本は同盟国である」と*69，憤慨してる。他方の『読売新聞』も，「米国の対日貿易赤字は，自動車分野が大半を占める。トランプ氏は，今回の会談でも，貿易赤字の削減に固執する姿勢を示したという」とし，「自由貿易を歪(ゆが)め，国際ルールに反するような提案があれば，毅然(きぜん)と拒否することが不可欠だ」と*70，反保護主義の姿勢を明確化している。

ところで，興味深いことに，在日米軍の駐留経費をめぐっては，大同小異的な色彩がみられる。両紙ともに，増額を求めるトランプに対して，NOを突きつけるべきとのスタンスではあるものの，『読売新聞』は，「日本は，在日米軍の経費負担の増額ではなく，自衛隊の国際的な役割を拡大することで，同盟の実効性を向上させるべきだ」と論じる*71。それに対して，『朝日新聞』は，「トランプ大統領が迫る駐留米軍経費の大幅増に異を唱えることもなく」，「同盟の拡大志向を強めるばかりで，正面から議論すべきテーマを避けていては，安定した日米関係は望めない」と述べるだけだ*72。このように，米国からの駐留経費増額の要求を受け，自衛隊の役割増大で応じるべきかどうかというちがいがある。

こうしたことからも明らかなように，『朝日新聞』と『読売新聞』の社説の論調には，大きなちがいがある部分もあれば，きわめてにかよった主張を展開しているところもあるのがわかる。

では，『毎日新聞』の社説はどうであろうか。前掲の２紙とおなじように，「日米同盟は日本外交の基軸だ」と断じている*73。さらに，「冷戦後，アジア太平洋地域の平和と安全に寄与する『公共財』と再定義された日米同盟である。トランプ流の圧力でそれを弱体化させたら，米国主導の国際秩序に挑戦している中国の思うつぼだろう」との記述からも明らかなように，日米同盟を「公共財」とみなしていることがわかる*74。では，トランプの追求する保護主義的な態度をめぐる評価はどうか。『毎日新聞』でも，「首相は安易に相手の土俵に乗るべきではない。トランプ氏の保護主義は米国の利益にもならないことをしっかり説明し，自由貿易体制の重要性を理解してもらうべきだ」と反保護主義の姿勢が明確に示される*75。自動車についても，「米国は自動車の数量制限をちらつかせる。首相はトランプ氏に自由貿易の価値をひざ詰めで説くべきではないか」と説く*76。また，サイバー攻撃をめぐっては，「南シナ海での軍事拠点化を進め，サイバー攻撃が続く。尖閣諸島周辺の領海への侵入もやまない。中国の軍事動向は日本にとって関心事だ」とはあるものの，その評価をめぐる記述はみられない*77。

それでは，普天間飛行場の移設に関する『毎日新聞』のスタンスに注目する。色こく主張は示されてはいないが，「米軍普天間飛行場の辺野古移設への地元の反対は強い。移設先では埋め立て海域に軟弱地盤も見つかっている。沖縄の意向を反映するよう腹を割って話し合うこともできよう」との文言からは*[78]，『朝日新聞』にちかいたち位置といえよう。この問題と関連して，駐留経費については，「日本は米国を守らないという『片務性』をトランプ氏は攻撃しているが，日本の基地提供義務が，米軍の東アジア戦略にとって死活的に重要なことを度外視している。しかも日本が在日米軍の駐留経費について米国の他の同盟国よりも巨額の負担をしてきたことも考慮していない」との批判を展開している*[79]。

最後に，『毎日新聞』は，「米国追従のいびつさを象徴するのが沖縄の米軍基地問題である」とし，「米国依存が生んだ対米追従の構図から脱却することも迫られる」としているが*[80]，こうした視点は，『朝日新聞』にもみられる。それにあたるのが，「米国にただ付き従うのではなく，安定した国際秩序をいかに築くか。60年の積み重ねを踏まえた深慮を，日本外交が示す時である」との見解であろう*[81]。『読売新聞』では，「韓国を交えた３か国の安保協力の深化も欠かせない」との言及はあるものの，「外務省と米国務省，自衛隊と米軍など，様々なレベルで重層的に関係を強化し，日米同盟の実効性を高めたい」との希望も明記されており*[82]，ほかの２紙ほど，日米関係の“相対化”をめざしているようには感じられない。

以上みてきたように，今回対象とした３紙の社説の論調には，大きなちがいもあれば，きわめてにかよった主張もあった。本来であれば，同一日にかかげられた社説のみを対象に比較・検討すべきであるが，残念ながら，今回の検索ワードである「日米関係」では，おなじ日に，３紙ともに社説をかかげたパターンはなかった。とはいえ，今回の考察をつうじて，今後，われわれは，社論を無自覚に判断することなく，冷静に吟味していくべきであるという教訓を得ることができたのではなかろうか。さらにまた，３紙すべてが懸念を示した事象について，これからもわれわれは注目していかねばならない。

注

＊１　https://www.mofa.go.jp/mofaj/area/usa/data.html#section2（2020年４月20日）。

＊2　外務省編『外交青書』〔2019年版〕，77頁。

＊3　ここでいう，「日米同盟」とは，「一般的には，日米安保体制を基盤として，日米両国がその基本的価値及び利益をともにする国として，安全保障面をはじめ，政治及び経済の各分野で緊密に協調・協力していく関係を意味する」ことを付言しておく（防衛省編『防衛白書』〔2019年版〕，199頁）。

＊4　https://www.kantei.go.jp/jp/98_abe/statement/2020/0120shiseihoushin.html（2020年4月20日）。

＊5　水野剛也「新聞4コマ漫画が描くアメリカ大統領―日本のマス・メディアに見るドナルド・トランプ像に関する一分析―」『アメリカ研究』第54号（2020年4月），159頁。

＊6　なお，社説のトータルの文字数自体が新聞ごとに異なるため，記述量にかなりの差がでてしまっていることを付言しておく。

＊7　『朝日新聞』2017年1月24日，14面。

＊8　https://www.kantei.go.jp/jp/97_abe/statement2/20170120siseihousin.html（2020年4月20日）。

＊9　『朝日新聞』2017年1月31日，14面。
　なお，このときの安倍・トランプ会談の概要については，https://www.mofa.go.jp/mofaj/na/na1/us/page1_000297.html（2020年4月20日）を参照されたい。

＊10　『朝日新聞』2017年2月5日，8面。
　なお，このとき，マティスは安倍を表敬訪問しているが，その様子は，https://www.mofa.go.jp/mofaj/na/st/page3_001984.html（2020年4月20日）を参照のこと。

＊11　『朝日新聞』2017年2月7日，12面。

＊12　同上，2017年4月19日，14面。
　なお，このときの日米経済対話の模様については，たとえば，https://www.mofa.go.jp/mofaj/na/na2/us/page3_002073.html（2020年4月20日）を参照。

＊13　『朝日新聞』2018年11月13日，14面。

＊14　同上，2019年4月23日，14面。

＊15　外務省のホームページには，「当初，日米『2＋2』会合の米国側メンバーは，外交担当として駐日米国大使，防衛担当として太平洋軍司令官が参加していました。全世界に多くの同盟国を持つ米国が，すべての国と安全保障に関わる閣僚級会合を持つことは困難だからです。しかし日米安保条約締結30周年の1990年に，米国のベーカー国務長官（当時）の提案により，米国のメンバーが国務長官と国防長官に格上げされました。これによって日米の外務・防衛に対して責任を持つ4閣僚が直接話し合える」ことになったと記されている。ちなみに，「現在の日米安

全保障条約（安保条約）が署名された1960年１月19日に設置が決定され，同年９月に第１回会合が開催されて以来」，現在まで継続している会議体であることを付言しておこう（https://www.mofa.go.jp/mofaj/press/pr/wakaru/topics/vol77/index.html〔2020年４月20日〕）。

＊16 『朝日新聞』2019年５月４日，６面。

＊17 同上，2019年５月26日，８面。

＊18 同会談について，くわしくは，https://www.mofa.go.jp/mofaj/na/na1/us/page4_005001.html（2020年４月20日）。

＊19 『朝日新聞』2019年６月３日，７面。

＊20 同上，2020年１月19日，６面。

＊21 『毎日新聞』2017年２月９日，５面。

＊22 外務省のホームページをみても，このとき，「安倍総理とトランプ大統領は，日米同盟及び経済関係を一層強化するための強い決意を確認する共同声明を発出した」とあり，この予想はあたっていたといえる（https://www.mofa.go.jp/mofaj/na/na1/us/page1_000297.html〔2020年４月20日〕）。

＊23 「共同声明」（https://www.mofa.go.jp/mofaj/files/000227766.pdf〔2020年４月20日〕）。

＊24 『毎日新聞』2017年２月12日，５面。

＊25 同上，2017年２月28日，５面。

＊26 同上，2017年11月７日，５面。

＊27 ９月25日の記者会見において，安倍は，「少子高齢化，緊迫する北朝鮮情勢，正に国難とも呼ぶべき事態に強いリーダーシップを発揮する。自らが先頭に立って国難に立ち向かっていく。これがトップである私の責任であり，総理大臣としての私の使命であります。苦しい選挙戦になろうとも，国民の皆様と共にこの国難を乗り越えるため，どうしても今，国民の声を聞かなければならない。そう判断いたしました」としたうえで，「この解散は，国難突破解散であります」と断じた（http://www.kantei.go.jp/jp/97_abe/statement/2017/0925kaiken.html〔2020年４月20日〕）。

＊28 『毎日新聞』2017年12月26日，５面。

＊29 同上，2018年１月21日，５面。

＊30 同上，2018年１月25日，５面。

＊31 同上，2018年３月３日，５面。

＊32 同上，2018年５月31日，５面。

＊33 同上，2018年９月16日，５面。

＊34 安倍は，「後にオバマ大統領には謝罪した」そうだ（同上）。

＊35　同上，2019年1月6日，5面。
＊36　同上，2019年5月28日，5面。
＊37　同上，2019年6月11日，5面。
＊38　同上，2019年7月2日，5面。
＊39　https://www.mofa.go.jp/mofaj/na/na1/us/page3_002795.html（2020年4月20日）。
＊40　たとえば，2020年度の日本側による「在日米軍駐留経費の負担額は約1,899億円」におよんでいる（防衛省編『防衛白書』〔2019年版〕，330頁）。
＊41　『毎日新聞』2020年1月19日，5面。
＊42　同条には，「日本国の安全に寄与し，並びに極東における国際の平和及び安全の維持に寄与するため，アメリカ合衆国は，その陸軍，空軍及び海軍が日本国において施設及び区域を使用することを許される。前記の施設及び区域の使用並びに日本国における合衆国軍隊の地位は，千九百五十二年二月二十八日に東京で署名された日本国とアメリカ合衆国との間の安全保障条約第三条に基く行政協定（改正を含む。）に代わる別個の協定及び合意される他の取極により規律される」と明記されている。
＊43　『読売新聞』2017年1月30日，3面。
＊44　同上，2017年4月19日，3面。
＊45　同上，2017年9月2日，3面。
＊46　同上，2017年9月20日，3面。
＊47　同上，2017年10月16日，3面。
＊48　同上，2018年2月8日，3面。
　具体的には，https://www.mofa.go.jp/mofaj/na/na1/us/page3_002610.html（2020年4月20日）を参照。
＊49　『読売新聞』2018年9月27日，3面。
＊50　同上，2018年9月28日，3面。
　なお，このときの会談については，https://www.mofa.go.jp/mofaj/na/na1/us/page4_004367.html（2020年4月20日）を参照されたい。
＊51　「日米共同声明」（https://www.mofa.go.jp/mofaj/files/000402972.pdf〔2020年4月20日〕）。
＊52　『読売新聞』2019年1月9日，3面。
＊53　首脳会議の概要は，https://www.mofa.go.jp/mofaj/ecm/ec/page6_000231.html（2020年4月20日）。
＊54　会談の詳細については，https://www.mofa.go.jp/mofaj/na/na1/us/page4_004940.html（2020年4月20日）を参照されたい。

＊55　『読売新聞』2019年４月28日，３面。
＊56　くわしくは，浅野一弘『現代政治の争点—日米関係・政治指導者・選挙—』（同文舘出版，2013年），15-16頁。
＊57　『読売新聞』2019年５月28日，３面。
＊58　同上，2019年９月16日，３面。
＊59　『朝日新聞』2017年２月７日，12面。
＊60　『読売新聞』2017年10月16日，３面。
＊61　同上，2019年４月28日，３面。
＊62　『朝日新聞』2019年４月23日，14面。
＊63　同上，2020年１月19日，６面。
＊64　『読売新聞』2019年１月９日，３面。
＊65　『朝日新聞』2017年１月31日，14面。
＊66　『読売新聞』2017年１月30日，３面。
＊67　同上，2017年４月19日，３面。
＊68　『朝日新聞』2017年４月19日，14面。
＊69　同上，2019年５月26日，８面。
＊70　『読売新聞』2019年４月28日，３面。
＊71　同上，2017年１月30日，３面。
＊72　『朝日新聞』2019年４月23日，14面。
＊73　『毎日新聞』2019年５月28日，５面。
＊74　同上，2019年７月２日，５面。
＊75　同上，2017年２月９日，５面。
＊76　同上，2019年５月28日，５面。
＊77　同上，2018年３月３日，５面。
＊78　同上，2019年５月28日，５面。
＊79　同上，2019年７月２日，５面。
＊80　同上，2020年１月19日，５面。
＊81　『朝日新聞』2020年１月19日，６面。
＊82　『読売新聞』2018年２月８日，３面。
なお，自衛隊の海外派遣に関して，『毎日新聞』は，「自衛隊の海外派遣は日本の安全を優先にすべきで安易な運用は平和主義を損なう」とし（『毎日新聞』2020年１月19日，５面），『朝日新聞』は，「繰り返される自衛隊の海外派遣によって，憲法９条に示された理念が後退し続けていると言わざるをえない」としている（『朝日新聞』2020年１月19日，６面）。

Topics 3 トランプの素顔

ふだん，トランプという単語を耳にして思い浮かべるのは，ばばぬきであったり，神経衰弱であったりするのではなかろうか。ところが，2016年の米国大統領選挙以降，このことばは，同国の大統領を想起するものとなった。ちなみに，Trumpというワードは，英語圏において，“切り札”の意味を有する。ドナルド・トランプ大統領が，米国の“切り札”となるのかどうか，大きな注目のあつまるところであった。

それでは，まずはじめに，なぜ，多くの有識者とよばれるエスタブリッシュメント（支配階級）が，このときのトランプ当選を予想できなかったのかについて考えてみたい。最大の理由は，エスタブリッシュメントを批判するトランプを大統領にしたくないとのつよい嫌悪感が，有識者の側にあったということであろう。もっとも，そこには，移民を蔑視するようなトランプの人権感覚の稀薄さも関係していたことはいうまでもない。

ちなみに，筆者自身，トランプ当選の可能性をどう思っていたかというと，「大統領選挙のしくみもあって，ぼろ負けすることはないが，敗北との予測」をたてていた。ここでいう大統領選挙のしくみとは，勝者独占方式（winner-take-all system）のことである。米国の場合，州ごとに勝者をきめていくやり方がとられているが，州別の得票数で１票でもうわまわった側が，当該州の大統領選挙人をすべて獲得できるという形式となっている（ネブラスカ州とメーン州は例外）。現に，2016年の大統領選挙でも，大統領選挙人の獲得人数こそ，ヒラリー・クリントンの232人（20州およびワシントンDC）に対し，トランプは306人（30州）となっていたが，全米での獲得票数でいうと，およそ6,447万票を得たクリントンが，約6,238万票のトランプの票数に200万票以上の差をつけていたのだ。これこそが，米国大統領選挙の“マジック”である。もちろん，過去の大統領選挙においても，得票総数の多い候補が敗れるという事例はあったものの，2000年の選挙ほどの票差をつけたうえでの敗北は，過去140年をみてもはじめてのケースであったという*[1]。

ところで，2016年の大統領選挙戦の特徴として，マスメディアの動向をあげることもできる。報道によると，これまでながきにわたって，大統領選挙時，共和党支持を表明してきた新聞社が，大きくそのスタンスを変えたことが話題となった。たとえば，『アリゾナ・リパブリック』（アリゾナ州）は126年まえの創刊時以来，さらに，カリフォルニア州の『サンディエゴ・ユニオン・トリビューン』は，148年まえの創刊以降，一貫して共和党候補を支持してきたものの，このときは，民主党候補のクリントンへの支持を表明したのだ*[2]。こうした事実からも，トランプが共和党の主流派から異端視されていたことがわかる。

そのため，2016年の大統領選挙において，トランプの当選はあり得ないとの結論がみちびきだされたわけだ。ところが，有識者の認識とは異なり，一部の有権者は，トランプへの過度な期待をいだいたのである。要するに，一般の有権者にとって，トランプを批判する勢力は，マスメディアであれ，有名人であれ，すべてエスタブリッシュメントであって，自分たちのような貧困な暮らしを実体験として共有できない人物であると断じた。それゆえ，皮肉にも，新聞社などがトランプを攻撃すればするほど，トランプを利するかたちとなった。ただ，ここで留意しなければならないのは，トランプではなく，クリントンを支持した層もいるという現実である。トランプは，今後，こうした批判勢力の声も尊重しつつ，政権運営にあたらねばならないのであったが，そうならなかったことは記憶のあたらしいところである。

さて，つぎに，トランプ自身の考え方について注目してみたい。トランプの場合，発言が二転三転することもあり，トランプの信念というものがなんであるかを断定することは困難である。しかも，歴代政権であれば，発足後2カ月あまりという段階であったとしても，主要閣僚の発言を検証することで，政権のめざすべき方向性がみえてきたはずだ。しかしながら，トランプの場合，人気テレビ番組「アプレンティス」（見習い）のなかで，「おまえはクビだ！」という名言をのこした人物である*[3]。したがって，閣僚といえども，いつ罷免されるかわからないような状況であった。

とはいえ，トランプの有する政治理念について，少しでも把握するため，ここでは，トランプの著作物に着目したい。『トランプ自伝―不動産王にビジネスを学ぶ―』は，トニー・シュウォーツとの共著であるが，トランプの認識の一端を知るうえで，示唆にとむ記述が随所にみられる。なかでも，同書のなかで，トランプの対日観がわかる部分がある。トランプは，「日本人が自国の経済をあれだけ成長させたことは尊敬に値するが，個人的には，彼らは非常に商売のやりにくい相手だ。まず第一に，六人や八人，多い時は十二人ものグループでやってくる。話をまとめるためには全員を説得しなければならない。二，三人ならともかく，十二人全員を納得させるのは至難のわざだ。その上，日本人はめったに笑顔を見せないし，まじめ一点張りなので取引をしていても楽しくない。幸い，金はたくさん持っているし，不動産にも興味があるようだ。ただ残念なのは，日本が何十年もの間，主として利己的な貿易政策でアメリカを圧迫することによって，富を蓄えてきた点だ。アメリカの政治指導者は日本のこのやり方を十分に理解することも，それにうまく対処することもできずにいる」との印象を記している。これは，ニューヨークにそびえたつトランプタワーの購入者に関する論述である[*4]。この原著自体，日米経済摩擦はなやかなりしころの1987年に刊行されたものであり，トランプの対日観はいまとは異なっているとの指摘もあろう。ただ，大統領選挙期間中からのトランプの発言をみていると，そのスタンスに大きな変化はないとみてよい。

ところで，安倍晋三首相は，大統領選挙での当選をきめたトランプとのあいだで，はやくも，2016年11月17日，会談をもっている（トランプタワー）[*5]。さらに，その１週間後の24日にも，安倍はトランプと会談をおこなっている（ニューヨーク）[*6]。くわえて，トランプ政権発足後の２月10日には，ホワイトハウスにおいて首脳会談を実施しただけでなく，翌11日に，フロリダ州パームビーチでゴルフをともにしたのであった[*7]。その後も，折りにふれ，安倍はトランプと電話会談をおこなっている[*8]。こうして，安倍はトランプとのあいだで緊密な関係を構築しようと考えていたことは想像に難くない。だが，そうしたトランプに対するまえのめりな姿勢が，欧州各国から批判されかねないという危険性もはらんでいたし，現実に，その懸念は的中してしまった。本来であれば，こうした点にも目くばりをした外交が，日本側に求められていたはずだが，残念ながら，うまく対応できたとはいいがたいようである。

注

＊1　『読売新聞』2016年11月29日，（夕），３面。

＊2　同上，2016年10月８日，６面。

＊3　同上，2016年11月10日，７面。

＊4　ドナルド・トランプ＝トニー・シュウォーツ著，相原真理子訳『トランプ自伝―不動産王にビジネスを学ぶ―』（筑摩書房，2008年），215頁。

＊5　『毎日新聞』2016年11月18日（夕），１面。

＊6　『読売新聞』2016年11月24日，4面。

＊7　『朝日新聞』』2017年2月12日，1面および2017年2月13日（夕），2面。

＊8　同上，2017年3月8日，4面，2017年4月7日，4面および2017年4月11日，4面。

第4章

社説にみるトランプ政権の対アジア外交—日本の新聞の論調を読む—

1 はじめに

従来であれば，米国の新政権のアジア政策を考える場合，大統領選挙期間中の候補者の発言をみたり，就任演説や施政方針演説の内容を検証することで，一定の方向性を知ることができた。ところが，2017年1月20日に第45代大統領に就任した，ドナルド・トランプのケースでは，残念ながら，これまでの常識は通用しないといわざるを得ない。

たとえば，「トランプ米大統領は，アサド政権軍が化学兵器を使ったと断定し，シリアの虐殺を止めるための措置」として，4月6日に，「米国がシリアのアサド政権軍の基地をミサイルで攻撃した」件に関して，「トランプ氏はこれまで，過激派組織『イスラム国（IS）』の掃討を最優先するとして，ロシアとの協調も視野に入れ，必ずしもアサド政権を敵視しない姿勢だった。それはオバマ前政権時からの転換だったが，今回突如，態度を一変させた」のであった*1。また，トランプは，「自らのツイートで，中国を制裁対象となる『為替操作国』に認定しなかったことについて，『中国が北朝鮮問題で我々と連携している時に，なぜ彼らを「為替操作国」と呼ぶのか。何が起きるか見てみよう』と投稿した」という*2。これは，米国の財務省が「公表した為替報告書で，中国を制裁対象となる『為替操作国』に認定しなかった」ことを受けて発せられたツイートである。だが，大統領選挙期間中，トランプは，「『中国を為替操作国に認定する』と公約していた」のだ*3。これらの事例からも明らかだが，トランプの言動とその後の行動のあいだには，多くの齟齬が散見される。

このように，トランプは，“変節”のめだつ大統領である。それゆえ，大統領選挙期間中のトランプのコメントを詳細に分析しても，一朝一夕で，行動パターンに変化が生じる可能性がある。そこからは，トランプの政治理念にもとづくアジア政策はみえてこないといっても過言ではない。そうした場合，通例，連邦議会・上院でおこなわれた指名承認公聴会での閣僚候補の発言を丹念にみていくこととなる。だが，周知のように，トランプは，人気テレビ番組「アプレンティス」（見習い）において，「おまえはクビだ！」という名言で名をはせた人物である。そのため，閣僚という立場にあっても，いつ罷免されるかわからないような不安定な状況にあった。現に，ジョージ・ワシントン大学政治経営大学院のララ・ブラウン准教授は，「トランプ氏のビジネスや人生経験を見れば，彼が忠誠を尽くすのは家族に対してだけだ」としたうえで，たとえ，トランプ自身が任命した側近であっても，「トランプ氏にとって『良いこと』をするのを手伝わなければ，状況が変わるのは明らかだ」と断じている*4。

ところで，2016年の大統領選挙戦をつうじて，米国のマスメディアは，反トランプの様相を呈していたとされる。たとえば，「米有力100紙のうち57紙が民主党候補のヒラリー・クリントン氏を支持し，トランプ氏への支持を表明したのは2紙だけだった」という*5。なかでも，「伝統的に共和党候補を支持してきた保守系地方紙」である，「アリゾナ・リパブリックは126年，サンディエゴ・ユニオン・トリビューンは148年の長い歴史で初めて民主党候補の支持に転じた」事実が，2016年大統領選挙戦におけるマスメディアの特徴であろう*6。ちなみに，2004年の大統領選挙の例でいえば，「全米の新聞を調査する月刊誌エディター・アンド・パブリッシャー（本社ニューヨーク）の電子版によると，日刊紙の支持は百二十五紙対九十六紙とケリー氏がリード。発行部数の総計でもケリー支持は約千六百万部で，ブッシュ支持の約一千万部に大差をつけた」とされていたが，いずれかの候補を支持する新聞社が，極端に少ないということはなかった*7。

このように，2016年の米国大統領選挙の特徴の一つは，マスメディアの評判の悪かったトランプが当選をはたしたという事実であろう。米国のマスメディアにおいて，トランプへの批判がつよかったことは周知のとおりであるが，はたして，日本のマスメディアで，トランプはどのように評価されていたのであろうか。そこで，本章では，日本を代表する新聞社―朝日新聞社，毎日新聞社，読売新聞社―の社説に着目する。なかでも，「トランプ」と「アジア」という語をふくむ社説に注目することで，トランプ政権の対アジア外交の一端をかいまみたい。同時に，これらの社説の論調は，トランプ政権のアジア政策に対して，安倍晋三政権が，どのような方策をとるべきかのヒントを示唆していたのである。

2 日本側における新聞論調

ここでは，朝日新聞社，毎日新聞社，読売新聞社が，おのおの提供する記事データベース，「聞蔵Ⅱビジュアル」，「毎索」，「ヨミダス歴史館」をもちいて，該当する社説を抽出する。期間としては，「トランプ」と「アジア」というワードの初出から，トランプの大統領就任後100日までのあいだを対象としている。それによると，『朝日新聞』：27件，『毎日新聞』：35件，『読売新聞』：37件という結果が得られる（**図表4-1・図表4-2・図表4-3**）*8。もっとも，ここには，『毎日新聞』の「社説：日本とサウジ　幅広く戦略的な協力を」のように，サウジアラビアのサルマン国王の来日をとりあげ，「高齢の国王が約1カ月間も歴訪し，1971年のファイサル国王後では初の国王訪日となったのは，アジア重視と日本への期待の表れだろう」とし，同国と「トランプ政権との関係は悪くないが，例えば在イスラエルの米大使館がエルサレムに移されれば，イスラムの『守護者』を自任するサウジの対米関係は一気に悪化しよう」とするようなものがふくまれる*9。また，『読売新聞』の場合でも,「[社説] 露地下鉄テロ　イスラム過激派の警戒怠れぬ」において,「ロシア第2の都市, 北西部サンクトペテルブルクの地下鉄で, 爆発事件が起きた」事件に関連して,「中央アジアに位置する旧ソ連のキルギスやウズ

図表4-1 『朝日新聞』の社説にみる「トランプ」と「アジア」

掲載日	タイトル	文字数
2016年3月3日	(社説) 米国大統領選　分断の政治を憂う	987
2016年5月8日	(社説) 米国大統領選　世界に目を向け論戦を	987
2016年7月30日	(社説) 米大統領選　分断乗り越える論戦を	984
2016年11月11日	(社説)「トランプ大統領」の衝撃　地域安定へ試練のとき	951
2016年11月19日	(社説) 日米関係　真の信頼を築くために	964
2016年11月22日	(社説) 貿易の自由化　懐疑論と向き合おう	973
2016年11月23日	(社説) 米TPP離脱　複眼思考で対応を	961
2016年11月25日	(社説) 日韓の協定　情報交換で信頼強化を	980
2016年12月7日	(社説) 安倍首相　真珠湾で何を語るか	958
2016年12月17日	(社説) 米国次期政権　原則重んじる外交を	988
2016年12月20日	(社説) 潜水機事件　看過できぬ中国の行動	961
2017年1月8日	(社説) オバマ政権の8年　言葉で築く平和、未完に	1,889
2017年1月15日	(社説) ASEAN50年　地域協力を着実に	963
2017年1月24日	(社説) 日米関係　主体的な外交の契機に	959
2017年1月26日	(社説) 日米貿易　「多国間」の理を説け	959
2017年1月31日	(社説) 日米安保　「前のめり」では危うい	979
2017年2月5日	(社説) 日米関係　確かな基盤を築けるか	982
2017年2月12日	(社説) 日米首脳会談　「蜜月」演出が覆う危うさ	1,848
2017年2月14日	(社説) 北朝鮮の挑発　日米韓のゆるみを正せ	975
2017年3月5日	(社説) 中国国防費　地域の安定脅かす軍拡	968
2017年3月20日	(社説) G20と米国　「国際協調」を粘り強く	960
2017年4月4日	(社説) 駐韓大使帰任　日韓関係の再生を急げ	989
2017年4月8日	(社説) 米シリア攻撃　無責任な単独行動だ	966
2017年4月9日	(社説) 米中首脳会談　協調基盤固める努力を	964
2017年4月19日	(社説) 日米経済対話　自由貿易の原則を守れ	967
2017年4月23日	(社説) 北朝鮮とテロ　人権無視を看過できぬ	986
2017年4月29日	(社説) 日ロ関係　地域安定に向け協調を	967

ベキスタンなどには，多くのイスラム教徒が住む。過激派やテロ組織の拠点の存在が指摘される」というかたちで，「アジア」という語が使用されているケースがある*10。こうした課題はあるにせよ，トランプ政権のアジア政策が鮮明となっていない時点で，図表4-1・図表4-2・図表4-3の社説をみることで，日本のマスメディアが，トランプ政権のアジア政策をどのようにとらえていたのかを把握することができるのではなかろうか。

図表4-2 『毎日新聞』の社説にみる「トランプ」と「アジア」

掲載日	タイトル	文字数
2016年2月3日	社説：米大統領選始動　世界に向けた論戦を	1,053
2016年3月29日	社説：安保法施行　思考停止せずに議論を	1,945
2016年5月11日	社説：米大統領広島へ　訪問の英断を評価する	1,045
2016年6月19日	社説：参院選へ　安全保障の国民合意　急ぎ過ぎた法制を問う	1,953
2016年7月8日	社説：視点・2016参院選　日本と米国　将来像見据えた議論を＝論説委員・及川正也	991
2016年9月11日	社説：米同時テロ15年　新たな連帯感を世界に	1,067
2016年11月11日	社説：激震トランプ　日米関係　同盟の意義、再確認から	1,912
2016年11月12日	社説：激震トランプ　保護主義へ傾斜　世界経済の足元揺らぐ	999
2016年11月15日	社説：激震トランプ　米中関係　不安定化避ける対話を	1,009
2016年11月18日	社説：APEC　保護主義抑止を明確に	1,035
2016年11月19日	社説：激震トランプ　安倍首相と会談　霧中に踏み出した一歩	1,019
2016年11月22日	社説：朴槿恵大統領　国政停滞の責任は重い	1,009
2016年11月23日	社説：激震トランプ　TPP離脱明言　米国の利益にもならぬ	1,010
2016年12月7日	社説：首相が真珠湾へ　日米史の新たな節目に	1,004
2016年12月10日	社説：朴氏の弾劾案可決　正常化へ早期の辞任を	1,953
2016年12月11日	社説：TPP承認　次へ備えたステップに	1,027
2016年12月28日	社説：日韓合意1年　将来にわたって尊重を	1,027
2016年12月29日	社説：首相の真珠湾訪問　和解を地域安定の礎に	1,992
2017年1月11日	社説：歴史の転機　日中関係　立て直しに動く時期だ	1,934
2017年1月12日	社説：オバマ政権8年「チェンジ」の決算　理念の実現に苦しんだ	1,884
2017年1月16日	社説：オバマ政権8年　アジア重視　大きな絵は描き上げた	1,006
2017年1月22日	社説：トランプ新大統領　分断を世界に広げるな	2,012

2017年1月29日	社説：視点・トランプ時代／4　日米安保　極論を排してしぶとく＝論説委員・佐藤千矢子	985
2017年1月31日	社説：視点・トランプ時代／6　「一つの中国」見直しは危険な綱渡り＝論説委員・坂東賢治	1,013
2017年2月4日	社説：米国防長官の来日　同盟確認でも残る懸念	1,050
2017年2月9日	社説：安倍首相の訪米　言うべき事を言う旅に	1,005
2017年3月7日	社説：北朝鮮ミサイル　自らの苦境を招く暴走	1,009
2017年3月15日	社説：日本とサウジ　幅広く戦略的な協力を	1,051
2017年3月17日	社説：日米外相会談　対北朝鮮で変化の兆し	1,030
2017年3月24日	社説：英国会前事件　単独テロを防ぐ難しさ	1,016
2017年4月6日	社説：挑発続ける北朝鮮　米中は危機意識の共有を	845
2017年4月16日	社説：韓国大統領選スタート　対北朝鮮観を注視したい	855
2017年4月19日	社説：日米間の経済対話始まる　ナンバー2協議を生かせ	865
2017年4月25日	社説：動きが急な北朝鮮情勢　日本の外交力が問われる	890
2017年4月29日	社説：北朝鮮が絡む日露交渉　ジレンマ深まる安倍戦略	867

図表4-3 『読売新聞』の社説にみる「トランプ」と「アジア」

掲載日	タイトル	文字数
2016年1月3日	[社説] 脅威増す世界　対「イスラム国」で結束強めよ	1,734
2016年3月3日	[社説] 米大統領選　危うさもはらむトランプ旋風	952
2016年4月5日	[社説] トランプ発言　「同盟」で日本の役割強めたい	945
2016年7月31日	[社説] 米大統領選　団結を求めたクリントン候補	939
2016年9月28日	[社説] 米大統領選討論　クリントン氏が器を示した	944
2016年10月6日	[社説] TPP承認案　審議急いで米国を後押しせよ	951
2016年11月10日	[社説] 米大統領選　トランプ氏勝利の衝撃広がる	1,732
2016年11月12日	[社説] トランプ外交　日米同盟の不安定化は避けよ	954
2016年11月15日	[社説] GDPプラス　内需後押しの環境作りを急げ	954
2016年11月16日	[社説] TPP参院審議　自由貿易推進する決意表明を	945
2016年11月19日	[社説] 首相VSトランプ　まずは信頼関係を構築したい	935
2016年11月20日	[社説] 日ASEAN　防衛協力を重層的に深めたい	936
2016年11月21日	[社説] TPP首脳会合　高度な貿易合意を無にするな	937
2016年11月23日	[社説] トランプ氏表明　「TPP離脱」は誤った判断だ	930
2016年12月7日	[社説] 首相真珠湾へ　歴史的な日米和解の集大成に	969
2016年12月29日	[社説] 首相真珠湾訪問　日米は「和解の力」を実践せよ	1,731

2017年1月1日	[社説] 反グローバリズムの拡大防げ　トランプ外交への対応が必要だ	3,177
2017年1月10日	[社説] 安倍外交と安保　米露中としたたかに渡り合え	1,732
2017年1月12日	[社説] オバマ氏の8年　理念と行動力の均衡を欠いた	954
2017年1月15日	[社説] 首相比豪歴訪　海洋安保で対中連携を緊密に	959
2017年1月16日	[社説] 米中露と世界 「トランプリスク」が到来する	1,729
2017年1月18日	[社説] ケネディ氏離任　同盟強化への貢献を評価する	943
2017年1月22日	[社説] 価値観と現実を無視した演説 「米国第一」では安定と繁栄失う	1,688
2017年1月24日	[社説] 衆院代表質問　米新政権と巧みに付き合おう	942
2017年1月30日	[社説] 日米電話会談　肝心なのは同盟強化の各論だ	949
2017年2月4日	[社説] 米国防長官訪韓　対北で同盟強化を鮮明にした	946
2017年2月5日	[社説] 米国防長官来日　尖閣「安保適用」を協調の礎に	959
2017年2月7日	[社説] 日米経済協力　相互に国益を満たす連携探れ	933
2017年2月12日	[社説] 日米首脳会談　経済で相互利益を追求したい	1,745
2017年2月14日	[社説] 米中電話会談 「責任大国」の関係築けるのか	953
2017年3月16日	[社説] サウジ国王来日　脱石油へ改革を後押ししたい	953
2017年3月17日	[社説] 米国務長官来日　対「北」共同対処を強化したい	952
2017年4月5日	[社説] 露地下鉄テロ　イスラム過激派の警戒怠れぬ	936
2017年4月19日	[社説] 米副大統領来日　経済対話で互恵を目指したい	951
2017年4月21日	[社説] 米抜きTPP　日本主導で自由貿易体制守れ	937
2017年4月22日	[社説] 露朝新定期航路　対「北」包囲網の抜け穴作るな	950
2017年4月24日	[社説] 日豪2プラス2　対北でも「準同盟国」と連携を	937

（1）大統領選挙戦での勝利まで

今回，対象としている社説のうち，もっともふるいものは，2016年1月3日付の『読売新聞』の「[社説] 脅威増す世界　対『イスラム国』で結束強めよ」である*[11]。同社説では，「11月の米大統領選では，『イスラム国』対策をはじめ，環太平洋経済連携協定（TPP），『アジア重視』政策などが主要な争点になる。選挙戦を通じて，米国がより指導的な役割を果たす方向で議論が深まることを期待したい」として，米国の新政権下において，アジア重視のスタンスがとられることを当然視している。さらに，トランプへの評価としては，「懸念されるのは，共和党の大統領候補指名を目指す不動産王ドナルド・トランプ氏が，イスラム教徒の入国禁止案など極端な発言で人気を集めていることだ」「選挙戦の本格化に伴い，トランプ氏が失速する可能性はある」（傍点，引用者）というように，どちらかといえば，否定的な見解を示しているといえる。

『毎日新聞』の場合，アイオワ州での党員集会の結果を受けた，2月3日付の「社説：米大統領選始動　世界に向けた論戦を」のなかで，「米国が『世界の警察官』であろうがなかろうが，世界のリーダーであるのは間違いない。両党の候補者は内向きの論戦のみに傾かず，東アジアや中東を含めた世界戦略を語ってほしい」と記されており，大統領選挙の序盤戦が，いかに内向きな議論に終始しており，アジア外交についてふれられていないかがわかる*12。くわえて，「共和党の不動産王ドナルド・トランプ氏の"旋風"に衰えが見え，過激な主張よりも現実的な対応を有権者が重視する傾向が出てきた」としていることからも，トランプ支持の動向は非現実的なものととらえていたことがわかる。

つぎに，『朝日新聞』の（「〔社説〕米国大統領選　分断の政治を憂う」：3月3日付）は，どうであろうか*13。トランプの「扇動的な訴え方が，自由主義の旗手を自負する大国のリーダーとしてふさわしくないのは明らかだ」として，トランプへの不支持を明言している*14。

大統領選挙戦の展開にあわせて，その後も，トランプへの否定的なコメントはつづき，『読売新聞』の「［社説］米大統領選　危うさもはらむトランプ旋風」は，「懸念されるのは，討論会などで政策論争が深まらず，トランプ氏の主張の妥当性や実現性がほとんど検証されていないことだ」としたうえで，「『日本や中国，メキシコを貿易で打倒する』『偉大な米国を取り戻す』といった単純なスローガンの繰り返しは，危うい大衆扇動そのものではないか」と問うている*15。さらに，「トランプ，クリントン両氏が，環太平洋経済連携協定（TPP）への反対を明言しているのは心配だ。アジア太平洋地域の貿易活性化を目指す協定が，大統領の交代で反故（ほご）にされてはならない」と，TPPの重要性を訴えている。

また，『毎日新聞』の「社説：安保法施行　思考停止せずに議論を」では，トランプの対日観への批判がなされている*16。それによると，「トランプ氏は米紙ニューヨーク・タイムズのインタビューで，日米安全保障条約について『米国が攻撃されても日本は何もしなくていいが，日本が攻撃されれば米国は全力で防衛しなければならない。極めて一方的な合意だ』と不満を示した」り，「日本が在日米軍の駐留経費負担を増額しなければ在日米軍を撤退させる考えや，日本の核兵器保有を容認する姿勢も示した」りしたことをとりあげ，「トランプ氏が言う『日本は何もしなくていい』というのは誤解であり，それどころか日本は広大な米軍基地を提供し，多額の在日米軍駐留経費を日米地位協定の枠を超えてまで負担している」事実を指摘している。そして，「過剰反応すべきではないが，『日米安保ただ乗り論』を公然と語る人物が，大統領指名候補をうかがう時代になったことには注意を払う必要があるだろう」との認識を示している。ただ，ここで興味深いのは，『毎日新聞』の場合，「だからといって米国の要求にあわせて，日本がどこまでも米軍への軍事貢献を拡大するのは，およそ現実的ではない」としているのに対して，上記のようなトランプの発言を「誤解に基づく暴言とも受け取れる内容だ」と断じている『読売新聞』が，「日米同盟が不当に過小評価されるのを避けるためにも，日本が自らの安全保障上の役割を拡大し，同盟を強化する努力が欠かせない」と結論づけている点である（「［社説］トランプ発言　『同盟』で日本の役割強めたい」）*17。ここには，集団的自衛権の行使を可能とする安全保障関連法をめぐる両紙の評価のちがいも関係していることを付言しておきたい。

日米関係に関しては，『朝日新聞』の「（社説）米国大統領選　世界に目を向け論戦を」も，「日本などとの同盟関係については，駐留米軍の費用を同盟国の全額負担にするよう一方的に求めている。日韓の核武装までも容認するような暴言からは，米軍の最高司令官にふさわしい分別はうかがえない」と述べ，トランプの発言に疑問を投げかけている*18。また，この社説のなかで，「多くの国々が懸念するのは，浮き彫りになった米国の内向き志向だ。トランプ氏は，難民や移民を嫌い，中東やアジアへの関与を重荷とみる発言が目立った」ことも，問題視している。

トランプの共和党大統領候補への指名が有力視されるようになったころになると，各紙のトランプへの批判の論調はさらにつよまってくる。『毎日新聞』の（「社説：参院選へ　安全保障の国民合意　急ぎ過ぎた法制を問う」）では，「日米安保条約が定める両国の役割は非対称的だが双務的であり，在日米軍基地はアジア太平洋地域での米軍の前方展開拠点として米国の世界戦略を支えている。そのうえ，日本は在日米軍のために毎年約1900億円に上る『思いやり予算』を含め，総額7000億円を超える巨額の経費負担をしている」事実に言及し，「日本としては，トランプ氏や米国民向けに，日米安保体制を正確に理解してもらう必要がある」との判断を示している*19。同時に，同社説が，「アジア太平洋地域の平和と秩序の維持のため，日本としてどこまで負担すべきか，日本の国力と法秩序に見合った守備範囲を真剣に考える時だ。トランプ氏の発言は，むしろその機会ととらえたほうがいい」とも記しているのは，注目にあたいする。

しかも，『朝日新聞』の「（社説）米大統領選　分断乗り越える論戦を」にいたっては，「共和党候補ドナルド・トランプ氏は不動産業で名をなした実業家。政治の経歴が何もないことで改革の旗手を自認する」手法をとりあげ，「目をこらすべきは，その異例の構図よりも政策の中身だろう」と，「不法移民を阻む国境の壁建設や保護主義的な貿易を唱え，同盟国の負担増を求めている」，トランプの政策に疑問符を投げかけている*20。そして，「これまで指導者として理にかなう主張をしているのは明らかにクリントン氏である」として，クリントン支持を打ちだしている。

また，『読売新聞』の場合も，「［社説］米大統領選討論　クリントン氏が器を示した」において，トランプが，「『「世界の警察官」ではいられない』

と言う一方で，『偉大な米国の復活』を公約するのは矛盾していよう。クリントン氏が『最高司令官にふさわしくない』と断じたのは当然である」と，トランプ不支持を鮮明にしている*21。

（2）大統領選挙戦での勝利から大統領就任まで

2016年11月8日の一般投票の結果を受けて，トランプは大統領の座を手にした。その直後の各社の社説をみてみよう。まず，『読売新聞』は，「[社説]米大統領選　トランプ氏勝利の衝撃広がる」で，トランプが「日本などとの同盟の見直しを公言している」なか，「『予測不能』の事態の展開にも冷静に対処することが肝要である」として，「日本は，新政権の方針を慎重に見極めながら，同盟の新たな在り方を検討すべきである。北朝鮮の核・ミサイル開発などで不透明さを増すアジア情勢への対応について，議論を深めねばなるまい」と結んでいる*22。

また，『毎日新聞』（「社説：激震トランプ　日米関係　同盟の意義，再確認から」）においては，トランプが，「米国が同盟国のために過大な負担をしていると主張し，同盟の見直しに言及し，同盟国に負担を増やすよう求めている」ことにふれ，「トランプ氏が選挙戦で展開した主張通りに政権を運営するかどうかはわからないが，そうなれば日米安保体制は揺らぎかねない」との警鐘をならす*23。そして，「オバマ政権はアジア・リバランス（再均衡）政策を掲げたが，トランプ政権は，前政権とは比較にならないほど，国際秩序の維持に関心の薄い政権になる可能性がある」としたうえで，「米国がアジア太平洋地域への関与を低下させれば，冷戦構造の残る東アジアは『力の空白』が生じ，不安定化は避けられないだろう。そうなれば北朝鮮，中国，ロシアの軍事動向にも影響が出るかもしれない」との危惧を表明する。だが，そうならないためにも，「日米安保体制は日本や米国のためだけでなく，アジア太平洋地域の安定を支える『公共財』としての役割を果たしている」ことを肝に銘じるべきだと説く。その文脈で，トランプ政権に対して，「日米安保条約は日本を守るためだけにあるわけではない。米国は安保条約６条に基づいて，日本に広大な基地を持ち，その基地を米国の世界戦略の中で位置づけてきた。米国にとっても大きな利益になっている」という事実を突きつけるべきであるとの見方を提示している。

『朝日新聞』のケースでは，「(社説)『トランプ大統領』の衝撃　地域安定へ試練のとき」と題して，冒頭，「政治，外交経験のないトランプ氏の大統領当選で，日米関係は試練のときを迎えている」との危機感を示す*24。それは，トランプ自身，「アジア太平洋地域と世界の安定のために日米関係が果たしてきた役割への理解も不足している」からである。だが，『朝日新聞』は，「軍事に偏ることなく，外交や経済，文化も含め日米の多層的な関係を深め，地域の平和と安定に向けた『公共財』としての役割を着実に果たしていく」ことの重要性を強調するとともに，「トランプ大統領の登場を，あるべき日米関係の姿を構想し，考え直す機会とすべきだ」との発想の転換を訴える。

このように，日米関係を「公共財」ととらえる主張は，『読売新聞』でもみられる。『読売新聞』の「[社説] トランプ外交　日米同盟の不安定化は避けよ」では，「日米同盟が『公共財』としてアジアの平和と安定に寄与することは，米国自身の安全や外交面の発言力の確保，貿易・投資を通じた経済的利益につながっている」と記されている*25。また，この社説は，11月17日に，ニューヨークのトランプタワーで，安倍・トランプ会談がおこなわれることについて，「政治経験のないトランプ氏は選挙中，同盟国を軽んじる発言を繰り返した。外交の基本方針について，いち早く共通認識を持とうとするのは好判断だ。同盟やアジア情勢に関する日本の考え方に理解を直接求める意味は大きい」との評価をあたえている。

また，『毎日新聞』は，安倍に対して，「17日のトランプ氏との会談では，自由貿易の重要性を説き，米国もTPPを承認するよう働きかけるべきだ」との注文をつけている（「社説：激震トランプ　保護主義へ傾斜　世界経済の足元揺らぐ」）*26。おなじように，『朝日新聞』も，前出の「(社説)『トランプ大統領』の衝撃　地域安定へ試練のとき」のなかで，「トランプ氏が内向きの発想や場当たり的な交渉で外交・安全保障政策を展開すれば，地域の秩序が崩れかねない。そのことは米国自身の国益にも反する」としたうえで，「17日の会談で安倍首相には，こうした現実をトランプ氏に十分に説明してもらいたい」との期待を表明している。

それでは，17日の安倍・トランプ会談に対する各社説の評価はどのようなものであろうか。肯定的な評価をくだしているのは，『読売新聞』の「[社説]首相VSトランプ　まずは信頼関係を構築したい」で，「政治の経験がなく，過激な言動を売り物にする相手だけに，まずは個人的な信頼関係の構築を重視する。その戦略は間違ってはいまい」としている*27。ただ，『朝日新聞』の場合は，正反対の評価で，「物足りないのは，会談後の首相の発信がトランプ氏との個人的な『信頼関係』をうたうのに終始したことだ」とし，「真の意味での国と国との信頼は，指導者同士が世界で最初に会ったとか，ウマがあうとかに左右されるべきものではない。時間はかかっても具体的な行動のうえに築いていくものだ」と断じている（「〔社説〕日米関係　真の信頼を築くために」）*28。のこる『毎日新聞』は，「社説：激震トランプ　安倍首相と会談　霧中に踏み出した一歩」で，「1時間半の会談で信頼関係を築き，これまでの懸念が一気に払拭（ふっしょく）できるものではない。強烈な個性のトランプ氏を相手に，首相としては個別の政策課題について議論するよりも，まず信頼関係の構築に努め，安全保障や経済について基本的な考え方を伝えたのではないか」として，同会談に一定の評価をあたえている*29。

ところで，「トランプ次期米大統領が環太平洋パートナーシップ協定（TPP）から離脱すると明言した」ことを受けて掲載された社説は，各社，おなじような論調を示していた。『毎日新聞』は，「日本は米国とTPPを主導してきた。発効は厳しい情勢だが，参加国の結束を強め，トランプ氏に粘り強く再考を働きかけるべきだ」としているし*30，『朝日新聞』も，「まず，トランプ氏に再考を促す努力を続ける必要がある」とし*31，『読売新聞』も，「トランプ氏が方針を転換する可能性は残る。参加国は結束し，引き続き米国に対して粘り強くTPPの意義を説くことが重要だ」としている*32。各社の社説のタイトルをみても,「社説:激震トランプ TPP離脱明言 米国の利益にもならぬ」(『毎日新聞』),「(社説) 米TPP離脱 複眼思考で対応を」(『朝日新聞』),「[社説] トランプ氏表明 『TPP離脱』は誤った判断だ」(『読売新聞』)となっており,いかに,これら3紙の社説が,TPPの存在を重要視しているかがわかる*33。

(3)大統領就任から就任100日まで

2017年1月20日,トランプは第45代米国大統領に就任した。その直後の社説で,『朝日新聞』は,「トランプ氏の米国が孤立主義に閉じこもらないよう促す。そのことが,国際社会の秩序を守り,日米関係をアジア太平洋地域の『公共財』として機能させることにもつながる」とし,「トランプ政権の誕生を,日本が主体的に外交を構想する契機としなければならない」との持論を展開している(「〔社説〕日米関係 主体的な外交の契機に」)*34。『朝日新聞』の社説では,「中国の強引な海洋進出や北朝鮮の核・ミサイル開発など,地域の安全保障環境は厳しさを増している。地域の平和と安定を維持するためには,日米関係は引き続き重要だ」と,東アジア地域における“中国問題”にふれているが,こうした視点は,『毎日新聞』の「社説:トランプ新大統領 分断を世界に広げるな」でもみられる*35。同社説において,「中国との関係も波乱含みだ。南シナ海の埋め立てや軍事拠点化について,オバマ前政権は有効な対応策を取れなかった。トランプ政権が中国の動きを警戒し,毅然(きぜん)たる態度を保つのは日本にとっても有益だ」としたうえで,「日本としては米国の動きが読みにくい分,主体的な外交が重要になった。米中の取引で思わぬ不利益をこうむる恐れもあるし,日米同盟に基づく米軍の役割の再確認も必要だろう。日本は,米国の政策形成に関与するつもりで積極的な意見交換を重ねてもいいはずだ」と,日本の主体的な外交の展開を求めている。また,『読売新聞』の「[社説] 価値観と現実を無視した演説 『米国第一』では安定と繁栄失う」においても,「日米同盟や北大西洋条約機構(NATO)は,中国や北朝鮮，ロシアなどの脅威を抑止する。米国も，アジア太平洋地域と欧州の安定から利益を享受している」とし，「日本政府は，新政権に対し，日本の投資が米国の雇用増を生んでいることやTPPの意義，日米同盟強化の重要性を粘り強く説明せねばならない」と結んでいる*36。

トランプ政権の閣僚の一人であるジェームズ・マティス国防長官が訪日し，2月3日に，安倍らと会談をもったが，その後の「社説：米国防長官の来日 同盟確認でも残る懸念」で，『毎日新聞』は，「アジア太平洋地域の安定の要となってきた米国が取引外交に走り，『応分の負担』を得られなければ地域への関与を減らすと脅すようでは，地域の安定は損なわれる。それは結果的に，アジア太平洋の成長を自らの成長に取り込もうとしてきた米国の国益にならないだろう。日本政府は，今後もこうした地域の現状を米側に粘り強く説明してほしい」と，要望している*37。その文脈で，同社説は，「マティス氏は今回，在日米軍の駐留経費の日本側負担増について取り上げなかったが，新政権はいずれ『応分の負担』を求めてくるかもしれない。防衛費増額や自衛隊の役割拡大という要求も考えられる。米側から『外圧』をかけられるようにして，負担増に応じるべきではない」とし，「トランプ氏はマティス氏を信頼しており，ある程度その判断を尊重すると見られる。だが，トランプ氏自身が経済と安全保障を絡めるような判断をする可能性も否定できない」との警戒感をあらわにしているのは，注目される。もっとも，『毎日新聞』も，「マティス氏が，就任後初めての外国訪問先に韓国，続いて日本を選び，不安の払拭（ふっしょく）に努めたのは，適切な判断だ」とし，国防長官の来日を評価する。

同様に，『朝日新聞』も，「従来の立場は基本的に継続する――。それが今回の訪日のメッセージだったのだろう」としつつも，「日本政府としてはひと安心かもしれないが，これでトランプ政権への不安が払拭（ふっしょく）されたかと言えば疑問が残る。問題はトランプ氏自身にあるからだ」との懸念を表明している（「〔社説〕日米関係　確かな基盤を築けるか」）*38。その具体例が，「大統領と閣僚の発言の食い違いが目立つ」ことであって，「マティス氏の姿勢が政権全体で共有されているかどうかも分からない」との疑問を呈する。そのうえで，「トランプ氏が通商と安全保障をからめる『ディール（取引）外交』に走り，政権の方針が大きく変わる可能性も否定できない」との警戒感を示している。『朝日新聞』は，米中関係にもふれ，「米中間には潜在的な対立関係があるが，貿易や投資では強い補完関係にある。慎重に行動し安定を図るのが，これまでの対中外交の作法だ。トランプ氏にはそうした国際社会の現実への理解が欠けている」との分析も提示している。そして，「国際秩序を保つ努力を続けることが，米国の利益にもなる。そのことをアジアや欧州の米国の同盟国などとともに，トランプ氏に説かねばならない」と，安倍に注文をつけている。

『読売新聞』も，「［社説］米国防長官来日　尖閣『安保適用』を協調の礎に」を掲げ，マティス国防長官の訪日について，「トランプ新政権との間で，日米同盟を強化するための重要な一歩になったと評価したい」との思いを吐露する*39。具体的には，国防長官が，「対日防衛義務を定めた日米安保条約５条の尖閣諸島への適用を明言した」ことに関連し，「マティス氏の見解は中国への強い牽制（けんせい）となろう」としている。ただ，『読売新聞』の場合は，「日米同盟は，アジア太平洋地域の平和と繁栄を支える公共財だ。中国の急速な軍備増強，北朝鮮の核・ミサイル開発などの不安定要因が拡大する中，日本がどんな役割を果たすかが問われる」し，「国内総生産（GDP）の１％にとどまる防衛費の増額も含めて，できることを着実に進めたい」としたうえで，「米国など関係国との共同の演習や警戒監視活動を拡充することが大切である。首相が先月，国会で言及した敵基地攻撃能力保有の検討も本格化させるべきだ」との持論を展開する。

さらに，10日の日米首脳会談をまえに，『読売新聞』は，「首相はトランプ氏に対し，事実誤認の見解にはしっかりと反論し，筋違いの『日本叩（たた）き』を改めさせる必要がある」としたし（「［社説］日米経済協力　相互に国益を満たす連携探れ」）*40，『毎日新聞』も，「社説：安倍首相の訪米　言うべき事を言う旅に」で，「首相は安易に相手の土俵に乗るべきではない。トランプ氏の保護主義は米国の利益にもならないことをしっかり説明し，自由貿易体制の重要性を理解してもらうべきだ」と*41，訪米する安倍をあとおしするような要求を突きつけた。とりわけ，『毎日新聞』の場合は，「日本に非がないのに米国に一方的にすり寄っていく印象を与えてしまっては，トランプ氏に不当な対日要求を持ち出す余地を与えかねない」との危惧があったようだ。

このときの会談について，『朝日新聞』の「（社説）日米首脳会談 『蜜月』演出が覆う危うさ」は，「型破りな発言が続くトランプ氏と，経済や安全保障政策をめぐり一定の合意が得られた。そのことは，日本にとって安心材料とは言えるだろう」との評価をくだしつつも，「両首脳が個人的な信頼関係をうたい，両国の『蜜月』を演出しても，それが国際社会の秩序の維持につながらなければ，意味は乏しい」と手厳しい*42。また，「日本の相変わらずの姿勢とは裏腹に，トランプ氏が中国との関係を重視し，アジア外交を複眼で見ていること」が，今回の会談でわかったとし，「トランプ氏の脳裏には中国との取引も選択肢にあると見るべきだ。『日米蜜月』が中国を抑止し，日本を守るという発想だけでは，もはや通用しない」のであって，「ならばトランプ氏との関係も，旧来型の『日米蜜月』を超える必要がある」との方向性を示す。「［社説］日米首脳会談 経済で相互利益を追求したい」と題する，『読売新聞』のケースでは，まずはじめに，「初の首脳会談としては上々の滑り出しである」との評価がなされる*43。くわえて，「日米が緊密な同盟をアピールすることは，地域の安定に寄与する。両首脳の親密な関係は，両国間で意見の相違があっても，双方が歩み寄り，生産的な結論を見いだす機運となる効用があろう」とし，「『米国第一』主義を振りかざすトランプ氏の型破りの外交には，多くの国が懸念を持つ。日本は，良き友人として，国際協調の重要性を粘り強く説き，適切な助言ができる関係を目指すべきだ」と説く。

ところで，北朝鮮の問題に関して，各社説はどのような見解を示しているのであろうか。『朝日新聞』の「（社説）北朝鮮の挑発 日米韓のゆるみを正せ」は，「北朝鮮の核・ミサイル問題には日米同盟だけでは対処できない。韓国との緊密な連携が不可欠だし，北朝鮮の最大の後ろ盾である中国の関与も必要だ」と，多国間のアプローチに軸足をおく*44。ここには，「北朝鮮が望むのは，日米韓をはじめ国際社会の足並みの乱れである」との認識があるからであり，だからこそ，「日本は，多国間の連携を重視するよう，トランプ氏の米国に働きかけるべきだ」と断じる*45。『読売新聞』は，まずは，「『新たな段階』を迎えた北朝鮮の脅威の抑止には，日米両国が外交，軍事両面で効果的に共同対処する具体的な戦略を練ることが急務である」とし，「北朝鮮に対するミサイル防衛の拡充や，自衛隊と米軍による共同の警戒監視活動や訓練を強化する方策を検討する機会としたい」との論陣をかかげる（「[社説] 米国務長官来日　対『北』共同対処を強化したい」）*46。もっとも，『読売新聞』も，「金政権には，多角的に圧力を強めねばなるまい。米国による『テロ支援国』の再指定は有力な手段となろう。石炭禁輸を発表した中国に，より厳格な制裁の実施を働きかけることも大切である」と，多国間のアプローチの重要性も忘れてはいない。『毎日新聞』は，「トランプ大統領は就任した際，米国の安全保障にとって最大の問題は北朝鮮だとオバマ前大統領から告げられたとされる。トランプ政権による対北朝鮮政策見直しの行方を注意深く見守っていきたい」としつつ，「ただ性急な軍事行動は日韓両国に大きな被害をもたらす可能性があり，日本として簡単に受け入れられるものではない。韓国も事情は同じだ」との見方を示す（「社説：日米外相会談　対北朝鮮で変化の兆し」）*47。また，『毎日新聞』は，「社説：挑発続ける北朝鮮　米中は危機意識の共有を」のなかで，「東アジアで大きな影響力を持つ米中両国には，北朝鮮問題に対する危機意識を共有する責任がある」としたのち，「日本としては，米中の動きを注視しつつ，日米韓の連携を強めていく努力が必要だ」と，日・米・韓3カ国の協調をうたっていることも付言しておく*48。

ここで，2月に開催された安倍・トランプ会談の折りに合意された，「日米経済対話」を例にとって，あらためて，経済問題をめぐる各紙の論調をみてみよう。「（社説）日米経済対話　自由貿易の原則を守れ」をかかげた『朝日新聞』は，「米国が『結果の平等』を求め，数値目標を掲げて市場開放を迫る，1980年代のような通商交渉を想定しているならば，まずはその非をきちんと指摘しなければならない。貿易収支は通商政策で決まるのではなく，それぞれの国の景気の状況や産業構造などに左右される。『黒字・赤字』はそもそも『勝ち・負け』ではない」という根本的な事実を強調する*49。そして，「自由貿易を推進することで各国の消費者の利益は増し，経済のパイを拡大していける。保護主義は得策ではない。その大原則を守るよう，米国にクギを刺すことが最優先の課題だ」との方策を示す。『毎日新聞』は，「社説：日米間の経済対話始まる　ナンバー2協議を生かせ」で，「『米国第一』を掲げ，対日貿易赤字を問題視するトランプ政権との経済外交が本格化した」としつつも，「日米経済対話」が，「過激な発言を繰り返すトランプ大統領が直接関与せず，ナンバー2の協議に委ねる仕組み」であることに着目し，「ナンバー2同士の対話の枠組みを生かし，トランプ政権のペースに持ち込まれない道を探るべきだ」と唱える*50。『読売新聞』も，「日米貿易は，米国の対日赤字が突出した時代から様変わりした。日本の対米投資は米国で多くの雇用を生んでいる。トランプ米大統領の保護主義的な言動は，実態を踏まえたものとは言い難い」と，トランプの発言を一刀両断し，「貿易不均衡をいたずらに強調せず，日米双方の利益につながる解決策を見いださねばなるまい」と言及する（「[社説] 米副大統領来日　経済対話で互恵を目指したい」）*51。

3 結び

2017年4月29日，トランプ政権の誕生から100日の節目をむかえた。たとえば，『読売新聞』は，「選挙のスローガン通りには，実際の政治は進まない。厳しい現実に直面し，側近の意見に耳を傾けて，柔軟に軌道修正したことは理解できる」とし，「日本との同盟の重要性を繰り返し強調するのも評価したい」とした（「[社説] トランプ米政権　外交の軌道修正は道半ばだ」）*52。ただ，同社説は，トランプ自身への注文として，「予測不能の言動と変わり身の早さは，長期的には米国への信頼を損ないかねない面もある。高官人事を急ぎ，経済外交や通商交渉も含めた包括的な戦略を構築することが求められる」と述べた。

このように，政権発足から100日をへた段階でもなお，トランプ政権のアジア政策は明確なかたちとはなっていなかった。だが，前出の『朝日新聞』，『毎日新聞』，『読売新聞』の社説の内容をみていくことで，その後，トランプ政権がアジアとむきあう折りの課題の一端をかいまみることができたのではなかろうか。いずれにせよ，この当時，アジアの情勢は予断を許さなかった。だからこそ，トランプが大統領として，どのような行動をとるのかいなかに，注目があつまったというわけだ。

注

＊1　『朝日新聞』2017年４月８日，14面。
＊2　『読売新聞』2017年４月17日，７面。
＊3　同上，2017年４月16日，３面。
＊4　『毎日新聞』2017年４月26日，９面。
＊5　『読売新聞』2016年11月11日，８面。
＊6　同上，2016年10月８日，６面。
くわえて，「全国紙USAトゥデーは1982年の創刊から守ってきた中立の立場を転換し，トランプ氏に投票しないように呼びかけた」というのも，特筆される。もっとも，今回の選挙戦で，これまでとは異なり，共和党支持を表明しなかった「アリゾナ州の『アリゾナ・リパブリック』，オハイオ州の『シンシナティ・インクワイアラー』などのように，殺害予告，購読中止などの脅迫メールが殺到した新聞社」もあったようだ（同上，2016年12月３日，９面）。
＊7　同上，2004年10月26日，７面。
＊8　ちなみに，検索結果には，2011年11月６日付の『朝日新聞』の「（社説）世界人口70億　生まれくる君たちに」（10面）もヒットしたが，「トランプ遊び」というワードが入っている記事であり，ここでは対象としていない。
＊9　『毎日新聞』2017年３月15日，５面。
＊10　『読売新聞』2017年４月５日，３面。
＊11　同上，2016年１月３日，３面。
＊12　『毎日新聞』2016年２月３日，５面。
＊13　『朝日新聞』2016年３月３日，16面。

＊14 なお，この社説では，「アジア」ということばは，「米国の人口構成は着実に旧来の『白人』の比率が減り，中南米系やアジア系が増えている」というかたちでもちいられている（同上）。
＊15 『読売新聞』2016年3月3日，3面。
＊16 『毎日新聞』2016年3月29日，5面。
＊17 『読売新聞』2016年4月5日，3面。
＊18 『朝日新聞』2016年5月8日，6面。
＊19 『毎日新聞』2016年6月19日，5面。
＊20 『朝日新聞』2016年7月30日，14面。
＊21 『読売新聞』2016年9月28日，3面。
＊22 同上，2016年11月10日，3面。
＊23 『毎日新聞』2016年11月11日，5面。
＊24 『朝日新聞』2016年11月11日，14面。
＊25 『読売新聞』2016年11月12日，3面。
＊26 『毎日新聞』2016年11月12日，5面。
＊27 『読売新聞』2016年11月19日，3面。
＊28 『朝日新聞』2016年11月19日，16面。
＊29 『毎日新聞』2016年11月19日，5面。
＊30 同上，2016年11月23日，5面。
＊31 『朝日新聞』2016年11月23日，16面。
＊32 『読売新聞』2016年11月23日，3面。
＊33 なお，TPPをめぐっては，全国紙と地方紙で，大きな見解の相違がみられる。たとえば，浅野一弘『現代政治論―解釈改憲・TPP・オリンピック―』（同文舘出版，2015年），71-92頁を参照のこと。
＊34 『朝日新聞』2017年1月24日，14面。
＊35 『毎日新聞』2017年1月22日，5面。
＊36 『読売新聞』2017年1月22日，3面。
＊37 『毎日新聞』2017年2月4日，5面。
＊38 『朝日新聞』2017年2月5日，8面。
＊39 『読売新聞』2017年2月5日，3面。
＊40 同上，2017年2月7日，3面。
＊41 『毎日新聞』2017年2月9日，5面。
＊42 『朝日新聞』2017年2月12日，8面。
＊43 『読売新聞』2017年2月12日，3面。
＊44 『朝日新聞』2017年2月14日，16面。

＊45　ちなみに,『朝日新聞』のべつの「(社説) 日ロ関係　地域安定に向け協調を」では,「日本にとって重要なのは, 北朝鮮情勢をめぐり日米韓と中ロの分断をつくらないことだ」と記されている (同上, 2017年4月29日, 14面)。
＊46　『読売新聞』2017年3月17日, 3面。
＊47　『毎日新聞』2017年3月17日, 5面。
＊48　同上, 2017年4月6日, 5面。
＊49　『朝日新聞』2017年4月19日, 14面。
＊50　『毎日新聞』2017年4月19日, 5面。
＊51　『読売新聞』2017年4月19日, 3面。
＊52　同上, 2017年4月29日, 3面。

Topics 4 『「偉大なる後進国」アメリカ』と『「アウトロー超大国」アメリカの迷走』を読む

みなさんは，「だいとうりょう」ということばを聞いて，なにを連想するであろうか。世界文化遺産・姫路城の建築にかかわった名工（＝大棟梁）をイメージされる方がいるかもしれない。こうした疑問に明快な解答を示してくれるのが，『「偉大なる後進国」アメリカ』である。本書には，「日本人の常識では当たり前のことが当たり前でない。そんな不思議の国アメリカ」との記述がある*1。評者は，受験生を対象とした模擬講義で，ながらく，「日本の常識は，米国の非常識!?」というタイトルの授業をおこなってきたこともあり，きわめて納得のいく一文である。

また，同書の「あとがき」には，「オバマ大統領誕生を長期取材したころから，『もうアメリカから逃げられない』，自分がアメリカをどう思っているのか書き残そうと本書を執筆した」とあるが，もともと著者は高等学校時代に，「AFS（American Field Service）という組織の奨学金試験に受かり，渡航費滞在費すべて無料でアメリカ人の家族と暮らすこと」となり，バージニア州ヨークタウンの町で，1年間を過ごしたという。著者のかよっていた公立高校では，「数年前から黒人と白人の学校が徐々に統合される途中だった」ものの，1967年の卒業生である著者の「卒業記念の写真には黒人の学友は数えるほどしかいない」という時代であったようだ*2。高校生の多感な時期に米国に滞在していたからであろうか，著者は人種という問題をつよく意識しているような気がしてならない。

当該書籍では，硬軟織りまぜて，話題が提供されるのが，興味深い。たとえば，「七面鳥，トウモロコシ，カボチャ，スクワッシュ，ナッツ，そしてクランベリー・ソースは，最初の感謝祭を表すシンボルとなっている」ことは周知のとおりだが*3，「感謝祭で，なぜ七面鳥を食べて，パンプキンパイを食べるのか」の理由が明らかにされている*4。こうしたやわらかい話題は，米国を知らない者にとって，同国への好奇心を駆りたてられる契機となろう。このような身近なテーマで読者の関心をひきよせたのち，著者は，スクール・シューティング＝「学校内銃乱射殺傷事件」など，米国をおおう影をクローズアップしていく。そこでは，「『スクール・シューター』たちの伝説的な“聖地”になっている学校」である，「コロラド州のコロンバイン・ハイスクール」の事例にもふれている*[5]。
ところで，同書の目次をみると，著者が銃のもたらす惨劇に多大な関心をいだいているからこそ，「第三章　銃社会を生きる若者たち」という章がもうけられているといえよう。同章のなかの「アメリカ憲法が保証する人民武装」という節では*[6]，「銃の所持を人民に認める憲法修正二条は一七九一年十二月十五日に人民の人権を守るために付け加えられた権利章典の一項目として書かれて，そのまま二十一世紀のアメリカ人の生活に生き続けている」と*[7]，米国において銃規制がすすまない背景の一つに，アメリカ合衆国憲法・修正第2条の存在があることを指摘する。
とはいえ，同書をつうじて，全米ライフル協会（NRA）に関する記述がまったくないのは気にかかる。評者が「アメリカ政治論」の授業で教科書として使用していた，『アメリカ政治』〔第3版〕に目を転じると，そこには，「NRA（National Rifle Association：全米ライフル協会）は銃による大量殺人の横行にともなう銃規制の動きに敏感に反応し，規制に対する活発な反対運動を展開している」との文言がみられるからだ*[8]。もしかすると，米国社会の実状に精通しているからこそ，著者はNRAの存在を重視していないのかもしれない。だが，米国における銃の実状を描きだすには，NRAの存在は不可避といえないであろうか。
このことは，同書の続編ともいうべき，『「アウトロー超大国」アメリカの迷走』においてもあてはまる。もっとも，当該書籍の目次をみるかぎり，銃という文字はみられない。しかしながら，「武器を所持する『自由』をアメリカ人はよく理解していないが，憲法修正第二条に人民の武装権を厳密に規定している」との論述があるほか*[9]，第5章のなかに，「銃を撃った少年の心に棲む『ミリシア』」という節ももられ，同書においても米国と銃とのかかわりについての言及は散見される。にもかかわらず，NRAの文字はみられない（もっとも，「全米レストラン協会（NRA）」の話題は登場する*[10]）。評者は，これら2冊が初学者にとって有益な情報が数多くもられていることから，なぜNRAについての言及がないのかが疑問に思えてしかたがない。
初学者むけという文脈でいうと，『「偉大なる後進国」アメリカ』には，「書かれている情報は読者のみなさんがインターネットで直接ふれることができる」とあり，同書のすぐれた部分であると思われる*[11]。とりわけ，刊行当時，コロナ禍で大学の図書館を使用することのできなかった学生さんにとって，きわめて有意義な視点である。ただ，初学者のためにも有益な書籍だからこそ，気がかりな部分がほかにもある。それは誤字・脱字が異常に散見されるという事実だ。たとえば，「アメリカとの冷戦に敗れたソ連社会主義連邦が崩壊した」とあるが*12，ソビエト社会主義共和国連邦崩壊後に生まれた初学者は，「ソ連社会主義連邦」という名称で記憶してしまうのではなかろうか。

また，まちがいとはいえないものの，米国大統領についてふれた「あえて最高権力者を象徴する地位をあげれば，予備役，沿岸警備隊を含めて百数十万人の米軍を指揮できる『最高軍司令官』だ」という部分も*13，「最高司令官」と書いておくべきであろう。なぜなら，アメリカ合衆国憲法の日本語訳では，「大統領は，合衆国の陸軍および海軍ならびに現に合衆国の軍務に就くため召集された各州の民兵団の最高司令官である」とされるのが一般的であるからだ*14。もっとも，同書のほかの箇所では，「最高司令官である大統領」との記述もあるものの*15，初学者には親切とはいえない。

おなじことが，『「アウトロー超大国」アメリカの迷走』についてもいえる。その好例が，「上院司法委員会の議長を務めるマイク・リー（Mike Lee）上院議員だ」との記述である*16。「米上院司法委員会の反トラスト小委員会は11月にも公聴会を開く方針。同小委のマイク・リー委員長らは声明で『買収は独占禁止法上の重大な問題を提起する可能性があり，注意深く検証する』と述べた」との新聞記事からも，役職名が不正確であることがわかる*17。また，「混乱を極めるアメリカで，もしトランプが選挙に負けても平和的に政権を移譲せずホワイトハウスに居座る場合，軍が介入すべきだとの公開書簡を二人の退役軍人が統合参謀本部長に提出していた」との記述も*18，おそらく，統合参謀本部議長のまちがいであろう*19。

さらに，深刻なのは，『「偉大なる後進国」アメリカ』にある，2000年大統領選挙をめぐる記述である*20。

> 実はこの選挙で，全国有権者の総得票数ではゴアが五十万票以上多いのがのちにわかる。得票率では〇・五パーセントの勝利だが，獲得大統領選挙人はブッシュ二七一人に対し，ゴア二二六人で，ゴアが負けている。よく考えると，五三七人の投票が，五十万人以上の投票を打ち負かしたことになる。

『国際社会研究Ⅰ　現代アメリカの政治』には，「まず，各州では政党が大統領選挙人候補者を指名する。各州の選挙人の数は，州に配分されている連邦下院議員数と連邦上院議員数の和である。首都ワシントンには特例として３人の選挙人が配分されており，選挙人総数は538人となる」と明記されている*[21]。『「偉大なる後進国」アメリカ』の記述だけでは，大統領選挙人の総数について，ミスリードしてしまう危険性がある*[22]。

こうした“問題点”が散見されるものの，これら２冊では，きわめて興味深い視点も数多く示されている。たとえば，『「偉大なる後進国」アメリカ』のなかの「二〇一〇年の国勢調査によれば，なんと全領土の四七パーセントには人が住んでいない」という事実は*[23]，初学者にとって驚きであろう。くわえて，「農民の自殺が増え，農業に頼っている田舎の地域から多くの人口流失が続き，ゴーストタウン化が進んでいる」*[24]「退役軍人のホームレスの数も半端ではない。約五万人がホームレスになっている」*[25]といった米国社会の実像，さらには，「アメリカで栽培されている大豆は実は日本から渡ったものだ。黒船でやってきて，日本に開国を迫ったアメリカのペリー提督が，日本人が食べていた大豆をアメリカに持ち帰ったこと」などは*[26]，興味をそそる話題である。

さらに，『「アウトロー超大国」アメリカの迷走』でも，「乗ってくるバイクはほとんどがアメリカ伝統のハーレーダビッドソンだ。ヘルメットをかぶっているライダーはいない。アメリカではヘルメットの着用は義務づけられていない」という身近な話題から*[27]，「アメリカには，『黒人』を定義するための，ワンドロップ・ルール（血の一滴）という文言が，一九二五年まではほとんどの州の法律に記載されていた。当時，黒人は『ニグロ』と呼称されていた。『人種間結婚』を恐れる『白人』の要望に応えたものだが，この文言が文書に記載されている州がまだ一〇州以上ある」との驚愕すべき事実も提示される*[28]。くわえて，「現在，アメリカ軍には六万人以上のアメリカの市民権を持たない軍人がいる。市民権はなくとも永住ビザを持っていれば軍務に就くことがアメリカではできる。彼らは自分の命をかけて，アメリカの市民権を得るために軍に志願している」との実態は*[29]，あまり知られていないことであろう。

また，2016年５月27日に，バラク・オバマが被爆地・広島を訪問した折り，「最高司令官のそばには無言の『フットボール』と名付けられた死神の代理人が待機していた。いつでも核戦争を開始できるように……」との『「偉大なる後進国」アメリカ』の記述には，考えさせられるものがあった。ここでいう「フットボール」とは，「通称，『ニュークリア・フットボール』と呼ばれる」もので，「俗に『核の発射ボタン』といわれる」もののことをさす*30。核なき世界を訴え，ノーベル平和賞を受賞したオバマが，「ニュークリア・フットボール」とともに，被爆地を訪問するという矛盾に，著者は大きな疑問を投げかけている。

以上みてきたように，『「偉大なる後進国」アメリカ』と『「アウトロー超大国」アメリカの迷走』の2冊には，米国を知るうえで貴重な情報が数多くもりこまれている。ただ，情報量が多いこともあり，節まででではなく，項ももうけることで，もっと読みやすさを追求する工夫をすべきではなかったかとの感想ももった。とはいえ，“メディア・プロファイラー”として，ここまで詳細に米国の動向をフォローしている者がどれほど日本にいるであろうか。それゆえ，評者は，著者による第三弾の著作で，どのような米国像が描きだされるのかを期待してやまない。

注

＊1　菅谷洋司『「偉大なる後進国」アメリカ』（現代書館，2020年），15頁。

＊2　同上，229-230頁。

＊3　https://americancenterjapan.com/aboutusa/monthly-topics/2060/（2021年6月28日）。

＊4　菅谷，前掲書『「偉大なる後進国」アメリカ』，58頁。

＊5　同上，105頁。

＊6　この節の名称については，「アメリカ憲法が保障する人民武装」とすべきであろう。

＊7　菅谷，前掲書『「偉大なる後進国」アメリカ』，115頁。

ちなみに，アメリカ学会訳編『原典アメリカ史』〔第二巻〕（岩波書店，1951年）には，「一七九一年十一月三日に發效した」との記述があることを指摘しておく（同上，416頁）。

＊8　森脇俊雅「政党と利益団体」久保文明・砂田一郎・松岡泰・森脇俊雅『アメリカ政治』〔第3版〕（有斐閣，2017年），86頁。

＊9　菅谷洋司『「アウトロー超大国」アメリカの迷走』（現代書館，2020年），17頁。

＊10　同上，52頁。

＊11　菅谷，前掲書『「偉大なる後進国」アメリカ』，4頁。

＊12　同上，225頁。

＊13　同上，78頁。

＊14　https://americancenterjapan.com/aboutusa/laws/2566/（2021年６月28日）。

＊15　菅谷，前掲書『「偉大なる後進国」アメリカ』，177頁。

＊16　菅谷，前掲書『「アウトロー超大国」アメリカの迷走』，175頁。

＊17　『日本経済新聞』2016年10月25日，３面。

＊18　菅谷，前掲書『「アウトロー超大国」アメリカの迷走』，194頁。

＊19　https://jp.reuters.com/article/trump-biden-whitehouse-idJPKBN27Q0GT（2021年６月28日）。

＊20　菅谷，前掲書『「偉大なる後進国」アメリカ』，69-70頁。

＊21　久保文明「選挙と選挙制度」阿部齊・久保文明『国際社会研究Ⅰ　現代アメリカの政治』（放送大学教育振興会，2002年），101頁。

＊22　このとき，「ゴア氏は267人の選挙人を獲得する見込みだったが，首都ワシントンでゴア氏に投じる予定だった選挙人３人中１人が，首都が州に格上げされないことなどに抗議して白票を投じた」ことを付言しておく（『毎日新聞』2000年12月19日〔夕〕，１面）。

＊23　菅谷，前掲書『「偉大なる後進国」アメリカ』，40頁。

＊24　同上，187頁。

＊25　同上，162頁。

＊26　同上，188頁。

＊27　菅谷，前掲書『「アウトロー超大国」アメリカの迷走』，19頁。

＊28　同上，68頁。

＊29　同上，73頁。

＊30　菅谷，前掲書『「偉大なる後進国」アメリカ』，177頁。

補　論

補論1

働き方改革と公務員
―「天職」とはなにか？―

1 はじめに

『公務員白書』〔2016年版〕によると,「地方公共団体の一般行政職職員（教育公務員，警察官，臨時職員，特定地方独立行政法人職員及び特定地方独立行政法人臨時職員に該当する職員以外の常勤の職員のうち，税務職，医師・歯科医師職，看護・保健職，福祉職，消防職，企業職，技能労務職等のいずれにも該当しない職員）について，総務省の地方公務員給与実態調査に基づき，全団体の平成26年における年齢階層別人員構成を平成17年と比較した」場合,「平成17年の時点では若年層（32・33歳）をピークとする山と高齢層（54・55歳）をピークとする二つの山が存在していた。これらの山が，平成26年の時点で，前者は中堅層（40～43歳）をピークとする山にシフトし，後者は定年退職を迎えて山がなくなっている。この間に，全団体の一般行政職職員の数は約10万3,000人減少し（平成17年937,116人→平成26年834,129人），平均年齢は0.3歳（43.1歳→42.8歳）低下している」そうだ。もっとも,「地方公共団体全体として年齢別人員構成はおおむね平準化してきているが，この間に職員数は10万人超減少しており，採用者数も従前の水準まで回復しているわけではない」。もっとも，人員減少の背景には,「窓口業務の見直しや庶務業務の集約化など事務・事業の見直し，ICTの活用等による業務の効率化，民間委託等の推進や地方独立行政法人制度の活用，指定管理者制度やPFIの活用，嘱託職員や非常勤職員の活用などの取組」や「市町村合併等による行政組織の統廃合」なども存在している*1。

とはいえ，地方公務員の数が減少しているということは，公務員一人ひとりの負担が確実に増加していっているとみてよかろう。はたして，そのことが，住民にとって，のぞましいことなのかという疑問が生じてくる。なぜなら，ある識者によれば，「地方自治体による行政サービス」に関して，「その多くが労働集約的」ということもあって，「人手をデジタル化してコストの減少を図る」といった，「合理化」が困難であり，「詰まるところ，俗にいえば『アセ（汗），ナミダ（涙），マコト（誠意）』のもとで，多くの地方公務員が熱心に，そして積極的にサービス提供に関わることで，よりよいサービスがより多く提供できることになる。ヒトは，モノやカネ，情報と並ぶ資源であるが，地方自治体の場合，その重みはいっそう増すであろう。人的資源という言葉は地方自治体にこそ当てはまるといってよい。したがって，それぞれの地方公務員の，地方自治体を通しての地域社会への貢献がそのまま成果となる」からだ*2。

そこで，本補論においては，少子高齢社会という“危機”に直面するなか，公務員はどうあるべきかについて考えてみたい。論述の順序としては，少子高齢社会に対する『厚生労働白書』の状況認識を紹介し，安倍晋三政権がどのような手だてを講じようとしていたのかに着目する。つぎに，「天職」ということばを手がかりに，はたらくことの意味について考えてみたい。そして最後に，危機管理という視点をもって，公務にあたるうえでの留意点について，簡単な私見を述べようと思う。

2 少子高齢社会という現実―安倍政権の対応―

（1）『厚生労働白書』にみる少子高齢社会

2016年10月27日の『毎日新聞』に，「総務省が26日発表した2015年簡易国勢調査の確定値によると，昨年10月１日現在の外国人を含む総人口は１億

2709万4745人で，10年の前回調査から96万2607人（0.75%）減少した。総人口減少は1920年の調査開始以来，初めて。39道府県で人口が減り，大都市圏でも人口減の傾向が出始めた。65歳以上の高齢者は26.64%と過去最高を更新した」との記事が掲載された＊3。ここにもあるように，「総人口減少は1920年の調査開始以来，初めて」であって，日本社会全体に大きな衝撃をあたえたことは想像に難くない。

では，『厚生労働白書』のなかで，人口の推移について，どのような分析がなされているのであろうか。まず，「国立社会保障・人口問題研究所の『日本の将来推計人口（平成24年1月推計）』の出生中位・死亡中位推計によると，我が国の人口は今後も減少し続け，2048（平成60）年には9,913万人と1億人を割り込み，2060（平成72）年には8,674万人になると推計されている。また，2061（平成73）年以降の人口については，参考推計ではあるものの，2100（平成112）年には4,959万人と5,000万人を下回る見込みとなっており，明治時代後半の1900年頃から100年をかけて増えてきた人口が，今後100年のうちに再び同じ水準に戻ることが見込まれている」というのだ。そうしたなか，「1950年時点で5%に満たなかった高齢化率（65歳以上人口割合）は，1985（昭和60）年には10.3%，2005（平成17）年には20.2%と急速に上昇し，2015（平成27）年は26.7%と過去最高となっている」ことに留意する必要があろう。しかも，「将来（出生中位・死亡中位推計）においても，2060年まで一貫して高齢化率は上昇していくことが見込まれており，2060年時点では約2.5人に1人が65歳以上の高齢者となる見込みである」ようだ＊4。

そのうえ，「2060年になると，少子高齢化はさらに進展し，その結果，重心が非常に高い，いかにも安定のよくない逆ピラミッド型へと変化」する。ちなみに，「2014年と2060年の人口ピラミッドを重ねてみると，総人口が減少していることが分かるが，年齢区分別で見てみると，年少人口及び生産年齢人口が大きく減少している一方で，高齢者人口，特に75歳以上の後期高齢者人口は，逆に増加していることが分かる」＊5。

このように，「1950年時点では65歳以上の高齢者1人を10人の現役世代で支えていたのが，2015年には65歳以上の高齢者１人に対して現役世代2.1人へと急激に減少している。今後も支え手は減少し続け，2050（平成62）年には1.2人の現役世代で65歳以上の高齢者を支える見込みとなっている」のだ。いま，「仮に20～69歳を現役世代人口，70歳以上を高齢世代人口として計算してみても，2060年には高齢者１人に対する現役世代の人数は1.6人まで減少する見込みである」との予測も存在する*6。

こうした状況のなかで，とりわけ，年金問題が大きな注目をあつめている。

（2）少子高齢社会に応じた年金改革？

2016年10月22日の『読売新聞』には，つぎのような文言が記されていた*7。

> 年金受給に必要な保険料支払期間を25年から10年に短縮する『年金機能強化法改正案』は，21日の衆院厚生労働委員会で趣旨説明が行われ，審議入りした。改正案は今国会で成立する見通しで，年金は2017年９月分から支給され，最初の受け取りは同年10月になる。
>
> 厚労省によると，基礎年金の支給額は，保険料の納付期間が25年で月額４万630円なのに対し，10年では同１万6252円となる。

結局，同法案は，11月16日の参議院本会議で可決・成立をみたが，これによって，「約40万人が初めて基礎年金（国民年金）を受け取ることができるようになるという。厚生年金も含めると対象者は約64万人になる見込み」とのことだ*8。その結果，「無・低年金者の収入が増え，生活保護費の縮減も見込まれる」ようである*9。

だが，ここで留意しておきたいのは，当初，「保険料納付期間の短縮を巡っては，消費税率10％への引き上げに合わせて実施する予定だったが，無年金者を減らすため，前倒しで実施することにした」事実だ*10。財源のめどがついていないにもかかわらず，こうした“アメ”を提示するということは，他方で，なんらかの負担がしいられる可能性が大きかった。

その“ムチ”とよぶべきものが，年金制度改革法案であった。2016年10月18日の『朝日新聞』は，「厚生労働省は17日，年金制度改革法案に盛り込み，2021年度からの実施をめざす新しい減額の仕組みによる影響の試算を公表した。仮に過去10年間の賃金下落を適用すると，16年度の年金受給額は現行より３％ほど減る。一方，将来の年金財政はよくなるとし，43年度には７％程度増えるという」としたうえで，「物価が上がっても賃金が下がった場合，現行では年金額を据え置くが，新しい仕組みでは賃金に合わせて下げる。過去10年のうち08年と10～13年の５回は，賃金の下落幅が物価より大きい。試算では賃金の下落に合わせて年金額を下げた」と報じていた[*11]。ある厚労省の幹部は，同法案について，「リーマン・ショックのような不況でも，将来の年金給付を確保できる仕組み」と自負しているようだ[*12]。だが，はたして，われわれが，安心して老後をむかえることができるのかという疑問に，同幹部は，適切な回答をすることができるのであろうか。ちなみに，同法案は，12月14日に，参議院本会議において，可決・成立した。

ところで，“アメ”の役割をはたす年金機能強化法改正案と“ムチ”でしかない年金制度改革法案が審議された，第192回国会（臨時会）では，与党による強行採決がめだった。たとえば，『朝日新聞』は，「自民党が27年ぶりに衆参両院で単独過半数を握った臨時国会が17日，閉会する。３カ月足らずの会期中，自民が主導して環太平洋経済連携協定（TPP）の承認案，年金制度改革法案，カジノ解禁法案で採決強行が『３連発』された」としていた[*13]。

こうした日本政治の堕落をみるにつけ，われわれの政治参加の一手段である選挙の役割の重要性を痛感する。民主政治では，われわれが，選挙に際して，政党の公約を丹念にチェックして，投票することが求められることはいうまでもない。これは，「国民の政治的関心が低下し，国政選挙における投票や地方自治体の諸活動への参加が消極的になれば，民主主義は衰退する」からである[*14]。もっとも，「意味のある政治参加とは，必ず自発的なものでなければならない」（傍点，引用者）ことはいうまでもない[*15]。

その意味において，2016年７月10日に実施された，第24回参議院議員通常選挙の投票率には，考えさせられるものがある。全国的には，54.70％であったものの，たとえば，北海道の場合，56.78％と，全国の数字よりも，2.08ポイントたかくなっていた。しかしながら，北海道における18・19歳の投票率は，43.38％と，全国の数字（46.78％）よりも，3.40ポイントもひくくなっているのだ。2016年の参議院選挙は，選挙権年齢ひきさげ後，はじめての国政選挙ということもあって，マスメディアでもさかんにとりあげられ，大きな注目をあつめていた。にもかかわらず，北海道内の多くの若者は，棄権という選択をしたのであった。

もちろん，この背景には，若者への主権者教育が不十分であったという事実や若者のあいだで政治不信がたかいという実状を指摘することもできよう。だが，投票率がひくいということの深刻さを“デモクラシーの危機”ととらえて，改善策を講じていく必要があるのではなかろうか。

3 安倍政権は，なにをめざしていたのか？

第１次安倍政権（2006年９月26日～2007年９月26日）において，安倍が「戦後レジームからの脱却」をスローガンにかかげたことは，周知のとおりであろう。現に，2007年１月26日におこなわれた施政方針演説でも，「私は，日本を，二十一世紀の国際社会において新たな模範となる国にしたいと考えます」と語った安倍は，「そのためには，終戦後の焼け跡から出発して，先輩方が築き上げてきた，輝かしい戦後の日本の成功モデルに安住してはなりません。憲法を頂点とした，行政システム，教育，経済，雇用，国と地方の関係，外交，安全保障などの基本的枠組みの多くが，二十一世紀の時代の大きな変化についていけなくなっていることはもはや明らかです。我々が直面しているさまざまな変化は，私が生まれ育った時代，すなわち，テレビ，冷蔵庫，洗濯機が三種の神器ともてはやされていた時代にはおよそ想像もつかなかったものばかりです」とし，「今こそ，これらの戦後レジームを原点にさかのぼって大胆に見直し，新たな船出をすべきときが来ています。『美しい国，日本』の実現に向けて，次の五十年，百年の時代の荒波に耐え得る新たな国家像を描いていくことこそ私の使命であります」と断じたのであった*16。

また，この発言以前にも，安倍は，「この国の基本を形作る憲法や教育基本法などは，日本が占領されていた時代に制定されたまま半世紀以上を経て現在に至っています。私が戦後体制からの脱却という言葉で申し上げたかったことは，当時決まったものは変えられない，変えてはいけないという先入観のある時代はもう終わったということであります」「現行の憲法は，日本が占領されている時代に制定され，六十年近くを経て現在にそぐわないものとなっております。そのため，私は，私たち自身の手で二十一世紀にふさわしい日本の未来の姿あるいは理想を憲法として新しく書き上げていくことが必要であると考えています」などと述べており*17，「戦後レジームからの脱却」の核心が，日本国憲法の改正にあったことは明白だ。その安倍は，「戦後レジームからの脱却」の第一段階として，教育基本法を改正した*18。

しかしながら，周知のように，安倍はこころざしなかばにして，政権を投げだす。そして，2012年12月26日に復活をはたした。それ以降は，「戦後レジームからの脱却」という政治色をうすめ，「アベノミクス」という経済色を前面におしだす作戦をもちいた。これは，安倍の祖父である岸信介が安保改定の結果，辞職を表明し，のちの池田勇人首相が，所得倍増計画を打ちだした，《政治》から《経済》へのシフトときわめて類似している*19。

では，アベノミクスは，どのような柱からなっていたのであろうか。首相官邸のホームページには，「アベノミクス『３本の矢』」と書かれた項目があり，そこには，「『どれだけ真面目に働いても暮らしがよくならない』という日本経済の課題を克服するため，安倍政権は，『デフレからの脱却』と『富の拡大』を目指しています」として，「これらを実現する経済政策が，アベノミクス『３本の矢』です」と記されていた*20。ここでいう３本の矢のうち，第１の矢は，「大胆な金融政策」であって，「金融緩和で流通するお金の量を増やし，デフレマインドを払拭」することを目的としている。つぎの第2の矢が，「機動的な財政政策」である。「約10兆円規模の経済対策予算によって，政府が自ら率先して需要を創出」することとなる。そして最後の第3の矢は，「規制緩和等によって，民間企業や個人が真の実力を発揮できる社会へ」とした，「民間投資を喚起する成長戦略」である。

ちなみに，「アベノミクスの手法は『トリクルダウン（滴が落ちる）』と呼ばれる。円安・株高でまず儲けるのは大企業や株式を持つ資産家。その金が消費や給料の増加につながり，下請けや小売り，労働者，地方へと行き渡ることで経済全体が底上げされる，という論理だ」*21。アベノミクスに対しては，「格差縮小が民主党の使命だ。アベノミクスによる（富裕層が富めば，富が滴り落ちてくるとする）トリクルダウンは限界だ」（細野豪志・元環境相〔民主党〕）*22や「富める者が富めば，貧困層にも富がしたたり落ちるという「トリクルダウン」の現象は，アベノミクスではまだ鮮明には見えてこない」（安井孝之・朝日新聞社編集委員）*23といった批判が，野党やマスメディアから提起された。だが，皮肉にも，野党やマスメディアが「トリクルダウン」ということばを強調すればするほど，有権者は，「もう少し待てば，自分のところにも恩恵がやってくる。だからこそ，安倍政権でなければならない」との思いをつよめることになったのではなかろうか。それが，2014年12月14日におこなわれた第47回衆議院議員総選挙における自民党の議席数（291議席）にも反映されたような気がしてならない。まさに，有権者の多くが，「トリクルダウン」ということばのもつ“魔力”にとりつかれたのだ。

2015年9月8日に，無投票で自民党総裁に再任された安倍は，「新・三本の矢」を打ちだす*24。その内容とは，①「希望を生み出す強い経済」，②「夢をつむぐ子育て支援」，③「安心につながる社会保障」の3つである*25。内閣府のホームページによると，①の矢によって，「名目GDP500兆円を戦後最大の600兆円に」することができ，また，「成長戦略を含む従来の三本の矢を強化」できるそうだ。さらに，②の矢は，「結婚や出産等の希望が満たされることにより希望出生率1.8がかなう社会の実現へ」と「待機児童解消，幼児教育の無償化の拡大（多子世帯への重点的な支援）」などをめざすものである。そして，③の矢により，「介護離職者数をゼロに」し，「多様な介護基盤の整備，介護休業等を取得しやすい職場環境整備」をめざし，「『生涯現役社会』の構築」などを実現するようである。

安倍が，こうしたあらたな矢をはなった背景には，アベノミクスが息切れをみせてきたという事情も大いに関係しているといえる*26。さらに，あきっぽく，つねにあたらしい政策を示そうとする安倍の性格にも起因しているのかもしれない。

その安倍は，第二次改造内閣のスタート時（2014年９月３日）に，目玉政策として，「地方創生」を打ちだした*27。だが，地方創生の成果が明確にみられないなかで，第三次改造内閣の発足時（2015年10月７日）には，「一億総活躍」という，あらたなことばをウリにした。安倍政権が，「我が国の構造的な問題である少子高齢化に真正面から挑み，『希望を生み出す強い経済』，『夢をつむぐ子育て支援』，『安心につながる社会保障』の『新・三本の矢』の実現を目的とする『一億総活躍社会』の実現に向けて，政府を挙げて取り組んでいきます」とする一億総活躍とは，どのようなものなのであろうか*28。ここで，10月15日に，担当職員に対しておこなった安倍の訓示をみてみよう*29。

> ３年前，安倍政権はスタートいたしまして，「三本の矢」を掲げてデフレ脱却，そして，経済を力強くスタートさせていく，「三本の矢」を力強く放ったわけであります。その結果現在，デフレではないという状況を作り出す，我々は再び力強く成長していくことができるという，自信を取り戻しつつあるわけであります。
>
> そして，我々のアベノミクスはいよいよ第２ステージに入るわけであります。この成果と果実をしっかりと生かしていかなければいけませんし，更にパワーアップしていく必要もあります。
>
> 我々は「一億総活躍社会」という大きな目標を掲げました。少子高齢化，この現実にしっかりと目を据えながら，この現実から逃れずに，この現実を

克服していかなければ，日本の輝ける未来を描いていくことはできないわけであります。

若者も高齢者も，男性も女性も，困難な問題を抱えている人も，また難病や障害を持った方々も，みんなにとってチャンスのある社会をつくっていく。みんながもう一歩前に出ることができるような，そういう日本に変えていかなければならないわけであります。

そのために今日から，この「一億総活躍推進室」がスタートしたわけでございます。皆様方には，その一員としての未来を創っていくとの自覚を持って，省庁の縦割りを排し，加藤大臣の下に一丸となって，正に未来に向けてのチームジャパンとして頑張っていただきたいと思います。

名目GDP600兆円も，希望出生率1.8の実現も，そしてまた，介護離職ゼロも，そう簡単な目標ではありません。しかし，今目標を掲げなければならないわけでありますし，目標を掲げていくことによって，新たなアイデアも出てくるわけでありますし，新たな対策も生まれてくるわけであります。どうか皆様方には，知恵と汗を絞っていただきたいと思います。

皆様方の活躍を強く期待し，私の訓示とさせていただきたいと思います。

鳴りもの入りではなたれた，新・三本の矢であるが，どうも，その矢はめざした的をいることができなかったようである。たとえば，2016年10月21日の『毎日新聞』は，「日銀が金融緩和政策の枠組みを転換してから21日で1カ月となる」としたうえで，「黒田東彦総裁が就任した直後の2013年4月から，銀行などから国債を買い取って大量の資金を世の中に流す『量的緩和』を進めてきたが，デフレ脱却に向けた『物価2％目標』が達成できず，『量から金利』への転換を余儀なくされた」と指摘している*30。ということは，安倍がつぎからつぎへと矢をはなっていくのは，ふるい矢のいきさきよりも，あたらしい矢の輝きにばかり関心がむく大衆心理を巧妙に利用したものであって，さらにいえば，めざした的に矢があたらないことを隠そうとする手法といっても過言ではない。安倍は大学時代，アーチェリー部に所属していたようだが，当時から，こうしたやり方を得意としていたのであろうか*31。

一億総活躍という矢にあきた安倍は，つぎに，「働き方改革」という矢を用意する。2016年 9 月 2 日の働き方改革実現推進室の開所式の折りに，職員になされた訓示を紹介しよう*32。

> 「働き方改革」にいよいよこれから我々は着手するわけでありますが，一億総活躍社会を目指す私たちにとって「働き方改革」は最大のチャレンジであります。
>
> 同時に，まさに働き方は人々のライフスタイルに直結するものであり，そして経営者，企業にとっても大変大きな課題であります。
>
> それだけに大変困難が伴うわけでありますが，私も先頭に立って取り組んでいく決意であります。
>
> 世の中から「非正規」という言葉を一掃していく。そして，長時間労働を自慢する社会を変えていく。かつての「モーレツ社員」，そういう考え方自体が否定される。そういう日本にしていきたいと考えている次第であります。
>
> 人々が人生を豊かに生きていく。同時に企業の生産性も上がっていく。日本がその中で輝いていく。日本で暮らすことが素晴らしい，そう思ってもらえるような，働く人々の考え方を中心にした「働き方改革」をしっかりと進めていきたいと思います。
>
> 最大のチャレンジでありますから，選りすぐりの皆さんに集まっていただきました。皆さんの獅子奮迅の活躍を加藤大臣の指揮下でしていただくことを期待しております。
>
> 皆さん一緒に結果を出していきましょう。頑張っていきましょう。

ところで，2 月23日に開催された，第 5 回一億総活躍国民会議ののち，「子育て世代や若者も，そして高齢者も，女性も男性も，難病や障害のある方々も，誰もが活躍できる環境づくりを進めるためには，働き方改革の実行が不可欠であります」と述べた安倍は，さらに，「高齢者就業の促進です。働きたいと願う高齢者の皆さんの希望を叶えるためにも，人口が減少する中で我が国の成長力を確保していくためにも，重要です」と力説した*33。そのうえで，「企業の自発的な動きが広がるよう，65歳までの定年延長や65歳以降の雇用継続を行う企業等に対する抜本的な支援・環境整備策のパッケージを『ニッポン一億総活躍プラン』の策定に向けて，政府を挙げて検討いただくよう，お願いします。経済界におかれては，再就職の受入れについても，御協力をお願いいたします」と発言したのだ。

文字だけをみていると，安倍が生き甲斐をもった高齢者のための社会をつくりたいと純粋に思っているように感じられなくはない。だが，現実には，高齢者をはたらかせることによって，年金の支給を切りつめようとの意図が隠されているように思えてならない。そして，そこにはまた，可能なかぎり，移民を受け入れたくないため，高齢者の雇用を生みだそうとの認識がみえ隠れしている*34。おなじ文脈で，安倍が女性の社会進出について言及するのも，移民の受け入れを回避するという観点からなされているとみてよかろう。この点に関連して，米国務長官をつとめたヒラリー・クリントンが興味深い指摘をしている。クリントンによると，「日本の安倍晋三首相が，働く女性の支援を自身の野心的な経済アジェンダの柱の一つに据えると宣言したことは，とてもうれしかった。この政策は“ウーマノミクス”と呼ばれており，安倍首相はより多くの女性が働けるようにするため，保育施設の充実と育児休暇の延長という具体的な計画を発表している。安倍首相はまた，日本の大手企業に対して，各社が少なくとも一人の女性を取締役として登用するように要請した。米国においても，世界全体でも，このような視野の広いリーダーシップを我々は必要としている」というのだ*35。クリントンの安倍に対する評価はきわめてたかいものの，実際のところ，保守的な家族観を有する安倍は，明らかに，しぶしぶ女性の社会進出をうながしているといっても過言ではない*36。

先述したように，安倍の究極の目標は，日本国憲法改正にあった。そのために，あらゆる手段を駆使して，政権の延命をはかったきらいがある。ちなみに，歴代首相で，在職日数のながい政権としては，桂太郎内閣の2,886日，佐藤栄作内閣の2,798日，伊藤博文内閣の2,720日，吉田茂内閣の2,616日などがある。しかも，安倍は，「明治維新から50年後が寺内正毅首相，100年後が佐藤首相でいずれも山口出身だったと指摘」したうえで，「『頑張って18年までいけば「山口県出身の安倍晋三」となる』と語っていた」という*[37]。その安倍が，内閣総理大臣として，2020年の東京オリンピックをむかえたがっていたことは想像に難くない。それゆえ，自民党の総裁任期が最長９年とされたのだ。安倍は，政権の座にいすわりつづけ，歴代最長政権として教科書に名をのこすだけでなく，憲法改正をはじめて実現した首相としても名を刻もうとしていたにちがいない。したがって，われわれは，安倍がわれわれ一人ひとりの生活レベルの向上を心底考えているのかとの疑問をいだきつつ，安倍の“ほんとうの顔”をみわける眼力を養っていく必要があった。われわれ自身がおのおのの目をみひらくことができるかどうかに，今後の日本の命運はかかっていたといってよい。とりわけ，安倍をめぐっては，全体主義のにおいをかぎとることができるとの指摘も数多くなされていることもあり，われわれはこころすべきであったはずだ*[38]。

以上みてきたように，安倍は，「働き方改革」をかかげ，さらには，「人づくり革命」ということばまで登場させた*[39]。だが，はたして，はたらくことの意味は，政府によって方向性を明示されるべきものであろうか。次節では，「天職」ということばを中心に，はたらくことの意味について考えてみたい。

4 はたらくということ—「天職」とはなにか?—

(1)「天職」をめぐるさまざまな考え

まずはじめに，日本において，「天職」ということばがいつごろからつかわれはじめたのかに注目しよう。三大紙のうち*40，もっともはやく，「天職」の語が登場したのは『読売新聞』で，1889年のことである。「女學雑誌　女學記者の文章ハ聖經より胚胎し來れるか何ぞ其清秀偉麗なる蓋し彼ハ聖使なり笄釵社會の汚濁を掃蕩せん爲に生れり然るに今回學術雑誌を癈め新聞條例に從ツて紛雜亂調なる政治界の事項を記載せんとハ嗚呼是れ記者の天職にあらず」という記事がそれである*41。

つぎに，1894年の『朝日新聞』をとりあげる。同紙で，はじめて「天職」のワードがもちいられたのは，「日本ゆにてりあん第一協會」の広告においてである。その広告とは，「●演説●明廿三日午前十時●惟一舘●今の宗教界　神田佐一郎君　吾人の天職　前川太郎君」というものだ*42。

残念ながら，『毎日新聞』の場合，同社が提供する新聞記事データベース「毎索」を利用しても，19世紀中の紙面で，「天職」という語をふくむ記事はみつからなかった。同新聞で，「天職」ということばが出現したはじめてのものは1967年で，「官界，金融界，産業界などの第一線エコノミストの執筆によるもの」である，「経済観測＝天職に奉仕する経済へ」というコラムである。コラムのなかでは，「世界の中の日本，日本の中の産業，産業の中の企業として，それぞれが進歩の歯車の一コマとして天職に奉仕する心は，政界，宗教界，教育界いずれとも同じであるはずである」と記されている*43。

では，書籍のタイトルではどうであろうか。国立国会図書館の蔵書検索・申込システム（NDL-OPAC）によると，欧陽修著，徐無党注，石川鴻斎校『五代史―増補点註―』が最古のものとされる。だが，これは，「本紀－12巻，列伝－45巻，司天職方考－３巻，世家年譜－11巻，四夷附録－３巻」でヒットしたものでしかない*44。そこで，タイトルそのものに着目すると，1904年に刊行された，星野光多『日本国民の天職と日露戦役』が，もっともふるい書籍ということになる*45。明治時代のものとしては，このほか，フィヒテー著，杉谷泰訳『人間天職論―人生解決―』がある*46。

つぎに，おなじく国会図書館の「雑誌記事索引検索」で検索すると，雑誌のケースでは，タイトルに「天職」の語がふくまれる記事の登場は比較的遅く，1954年の『世界』所収の羽仁五郎「図書館人の天職」である*47。

さて，はたして，「天職」とは，どういう意味なのであろうか。『広辞苑』によると，「天職」とは，「①天から命ぜられた職。㋐天子が国家を統治する職務。㋑神聖な職務。㋒その人の天性に最も合った職業。『教師を―とする』②遊女の階級の一つ。天神の別称。一大夫。『われ―勤めけるうちに』」とある*48。また，『精選版　日本国語大辞典』では，「①天から命ぜられた職の意。㋑神聖な職務。特に，天子が国を治める職務。天子としてのつとめ。＊集義和書（1676頃）一五『人君の天職あり，人を愛するを以て心とす』〔孟子―万章・下〕㋺生まれながらの性質に合った職業。＊演歌・鶏林（1893-96）〈酔郷学人〉『東洋平和を維持するは　大和人種の天職と』②遊女の階級の一つ『天神』の別称。大夫の次位。＊浮・椀久二世（1691）上『以前は時花によって天職を太夫にもなしぬ』」と記されている*49。

さらに，和英辞典の「天職」の欄に目をやると，そこには，「a mission; a vocation; a calling; *one's* life's work［lifework］」と記されている*50。『現代社会学事典』をみても，「ドイツ語のBerufや，英語のcallingやvocationという言葉には，職業occupation，仕事job，専門職professionなどの言葉にない，天性の使命という意味が伴う」との説明が付されている。さらに，同事典によると，『プロテスタンティズムの倫理と資本主義の精神』をあらわしたマックス・ウェーバーは，「こうした使命を伴った職業表現がプロテスタント圏の言語に限られ，宗教改革以後の翻訳聖書によって普及したとする。彼は，この天職Berufの理念，つまり世俗的職業に従事することを宗教的義務とする理念には，プロテスタント諸派の中心的教義が反映されていると論じ，各派の天職理念の実践的意義を描出する。ルター派では，世俗的職業を聖職より下位におくカトリックの理念は破棄されたが，伝統主義的な天職理念が展開され，それが既存の体制に順応的に生活するように作用した。一方，カルヴィニズム・ピューリタン諸派では，自らが天職を選び，それを神の栄光のために禁欲的に遂行すべきとの理念が展開され，それが方法的・合理的に生活を改革するように作用した。そして，それこそが近代資本主義の展開を促し，職業を義務とする近代的な理念へと世俗化されて受け継がれた」とされている[*51]。

では，つぎに，識者が「天職」をどのようにとらえているのかに注目してみよう。たとえば，明治・大正期に活躍した内村鑑三は，以下のようなかたちで，「天職」について論じている。

> 人各々其天の命ぜし職に安んじ之に従事するに於て　自身も之に依て著大の幸福を得　世も亦之に依て著大の利益を得るものなり，[*52]

> 人よ，汝は汝の天職を知るを得るなり，汝は容易に之を発見するを得べし。
> 汝の全力を注ぎて汝が今日従事しつゝある仕事に当るべし，然らば遠からずして汝は汝の天職に到達するを得べし，[*53]

> 人に各々其天職のあるのは能く判分〔わか〕つて居ります，然〔し〕かし之を発見するのは非常に困難〔むず〕かしくあります，「如何〔いか〕にして我が天職を知るを得ん乎〔か〕」，是れ実際の大問題であります。

> 天職は又，考へて見附かるものではありません，我は何のために此世に遣されたる者なる乎，是れはイクラ書を読んでも，如何なる大先生に就て問ふても如何に沈思黙考を凝しても，見附かるものではありません，多くの人は

自己の天職を発見せんとて非常に苦悶します，爾(そ)うして之に(ママ)見当らないとて非常に心配します，併(しか)しながら是は無益の苦悶であります，無益の心配であります，天職は斯かる方法を以て発見さるべきものではありません。
天職を発見するの法は今日目前の義務を忠実に守ることであります，左すれば神は段々と我等各自を神の定め給ひし天職に導き給ひます，要するに天職は之に従事するまでは発見することの出来るものではありません，*54

我等は天職を語る時に神に対する職分を語るのである。*55

また，「天職」ということばではないものの，内村は，「完全なる職業とは他人を歓ばしてわれもまた歓ぶの職なりという」と述べており，よろこびを感じつつはたらくことが，「天職」ととらえていることがわかる*56。内村は，キリスト者であったこともあり，「神に対する職分」＝「天職」との認識をつよくいだいていたといえる。

つぎに，前出のドイツの著名な社会学者ウェーバーが，どのように「天職」を考えているのかについて，もう少しくわしくみてみよう。ウェーバーは，「政治とは，情熱と見識とによって固い板に穴をあけてゆく力強い緩慢な仕事であります。もしも世の中で不可能なことを成し遂げようとする試みが繰り返されなかったならば，可能なことも成し遂げられなかったであろうというのは全く正しいことで，あらゆる歴史的経験がこれを裏書しているところであります。しかし，それが出来る人は，指導者でなければなりません。いや，指導者であるだけでなく，―甚だ真面目な意味で―英雄でなければなりません。そして，指導者でも英雄でもない人たちも，いかなる希望の挫折にも耐えられるような堅い意志で直ちに武装しなければなりません。そうでなければ，今日可能なことも実行することが出来ないでしょう。彼が世界に献げようとしているものに比べて，世界があまりに愚かで卑しい―と彼が思う―場合にも，それに挫けない自信のある人，何事に対しても『それにもかかわらず』と言える自信のある人，そういう人だけが，政治への『天職』を持っているのであります」と断じている*57。引用文のなかの「政治」という語は，「行政」におきかえてもなりたつように思われる。要するに，公務員の仕事は，「情熱と見識とによって固い板に穴をあけてゆく力強い緩慢な仕事」であって，「何事に対しても『それにもかかわらず』と言える自信のある人，そういう人だけが，行政への『天職』を持っている」といえるわけである。

では，公務員と「天職」ということにもう少し注目してみよう。日本行政学会理事長をつとめた経歴を有する，足立忠夫は，つぎのように語っている*58。

> 人間はみんな自分の職業を誇りに思わなければならないのである。また，職業に生き甲斐を感じなければならないのである。そして，人がもし自分の職業に大きな誇りと生き甲斐を感じるときは，それを自分の〈天職〉と考えるようになるであろう。すなわち，〈天〉か〈神〉が自分を呼びだし，命じられた，いうならば，召命された職業と考えるのである。だから，英語のcalling（召命する）は，しばしば，職業よりは〈天職〉や〈聖職〉と訳されることになる。
>
> すべての職業が〈天職〉であり，〈聖職〉なのである。
>
> 公務員はすべて，したがって，末端の一般職員といえども，大なり小なり，権力の一端の担い手であるということである。そして，この指摘は，公務員は，たしかに読んで字のごとくpublic servantであるけれども，それは一種の理想的なタテマエであって，その理想へ極限的に近づこうとしても，公務員には，職制の末端の公務員にさえ，その尾骶骨にはなんらかの権力的支配者，すなわちrulerとしての性格が残存するということを示唆しているようである。

さらに，日本の行政学研究の第一人者である，片岡寛光・早稲田大学名誉教授は，以下のように述べている*59。

戦前においては，「公務員」は，官吏のみならず，公吏，公法上の特殊団体の役員ないし公証人，執達吏までをも指す広い概念であった。戦後，官吏制度が廃止されるに伴い，官吏および官吏の身分を持たずに国により雇用されていた技手および雇いを含めて「国家公務員」とされ，公吏は「地方公務員」となったのであった。

戦前の官吏の身分は，特別権力関係により成り立つものとして説明され，雇用関係に基づく職業ではないとされていた。例えば，笠井英一は，『行政官を志す人のために』（昭和八年）の中で，国家と当時の官吏との関係は，普通の雇用関係と異なり，「堅固なる道徳的観念の上に立脚したる倫理的関係である」と説明した。笠井は職業ではなく天職であると主張したが，一般には奉仕という言葉も使われていたことは忘れてならない。わが国の特別権力関係の理論の母国であるドイツは，公務員ないし官吏の職業は，比較的早くから，専門的知識に基づいて終身的に任用される天職（Beruf）として認められていた。わが国における天職という概念は，ここから来ていると言える。官吏に限らず，政治家や学者その他の専門的職業も専門職業ないし天職と呼ばれたが，特別権力関係に基づいて雇用される官吏は，飽くまで民法上の雇用契約に基づく一般の職業とはその性格を異にするものでなければならなかった。

フランスでも，公務員がmétierとしての職業であることは，頑なに否定されてきた。métierとは英語のjobに相当するが，日本語で言えば，生業，なりわい，よすぎなどに該当し，生活の糧を得る手段としての職業を意味していた。公務員は奉仕であり，その意味でBeruf，vocation，callingないしprofessionではあっても，métierであってはならなかったのであった。しかし，生活の糧を得ることは，職業にとって欠かすことのできない重要な要素の一つである。尾高邦雄は，職業は，職業によって与えられる仕事としての側面と，自分の特性に合った仕事を通じて個性を発揮する側面，および，生活の糧を得るという側面があるとし，その何れに偏ることなく，バランスが保たれることの中にこそ，真の職業が成り立つと主張している。

これらの文言からも明らかなように，公務員を「天職」にしようとする者には，きわめてたかい倫理観＝モラルが求められるのだ。おなじように，国際基督教大学教授の田中守も，「公務員は，つねに自己の担当する行政領域において，公共の利益を判定したり社会の均衡を企図したりするに足る適正な価値観をもち，必要に応じ，それを行政上の価値体系として表明する用意がなければならない。そのためには，日常，担当行政について，その存在意義ないし社会的貢献度をかえりみつつ，未来予測の見地に立って，今後にあるべき態容を思索しつづけることが必要であろう。その意味で，公務員には，行政のあり方を考える社会思想と公共的倫理観が要求されるのである」と論じている*60。

この点に関連して，たとえば，「新・北海道職員等人材育成基本方針」でも，道職員の「求められる職員像」として，「公務を担う者として，道民の信頼に応えるため，倫理性や責任感，業務を執行する能力を備えた職員」「職員は道民全体の奉仕者として，常に公共の福祉を念頭に置き，誠実かつ公正な行政運営に徹しなければならないことから，公務員倫理の意識をより一層強く持ち，行動することにより，道民の信頼に応えることが必要です」と記されており，行政の現場において，倫理観がいかに必須であるかが明白だ*61。

では，最後に，芸能界に精通する放送作家は，「天職」をどう考えているのかをみてみる。まずはじめに，秋元康は，鈴木おさむとの共著において，「おさむがいつも楽しそうな理由，あるいは，僕が『まわりから，仕事し過ぎじゃあないですか？』と言われてもピンと来ない理由は，『仕事が楽しいから』なのだ。つまり，僕たちは天職に就いているのだ」「一〇年後，二〇年後，三〇年後・・・・・・毎日が楽しく過ごせていたとしたら，もしかしたら，その職業が天職なのでは？」と述べている*62。これに呼応するかのように，鈴木も，つぎのように記している*63。

僕がこの仕事をしていて，いちばん大切な能力は『好奇心』だと思っている。
いろんな取材で『いろんなところにアンテナを張って情報を吸収しているん

ですね』とか言われるが，恥ずかしくてたまらない。アンテナを意識して張ってるつもりなんて全然ない。簡単な言葉で言うとミーハーなのだ。ミーハーという言葉はネガティブにとらえられることが多いが，この世界に入っていてミーハーをバカにするのはおかしいと思う。

要は，いろんなことを知りたくて知りたくて仕方ない。じゃあ，なんで知りたいのか？　自分の仕事のヒントにする？　確かにヒントにはなる。だけど，ヒントにしたくていろんなことを知りたいわけではない。

一つは，悔しがりたいのだ。『ちくしょ！』と悔しがりたい。悔しいことで自分のスイッチを入れたい。自分の中でのガソリンを悔しさという炎で燃焼させたいのだ。

そして，もう一つ。

僕はなぜこの仕事をしているのだろう？　という答えが何年も出なかった。

もちろん好きだからこの仕事をしている。だけど，それだけじゃない。秋元さんと対談している中でその答えが分かった。自分が得た感動を人に，誰かに話したくて，伝えたくて仕事しているのだと。自分が得た興奮，感動を誰かに話したい，伝えたくてこの仕事をしているのだと分かった。

たくさんのものと，人と出会い，たくさんの興奮と感動を得て，人に伝え続けていこう。

なぜならそれが僕の仕事であり，この仕事こそが，僕の。

天職。

（2）参考にできる民間の手法
―田村潤『キリンビール高知支店の奇跡』を例に―

ところで，「米国流の企業統治改革で，日本でもトップダウン経営が強化され，ミドルの強さが発揮できなくなってしまった」なかで，「日本企業におけるミドルの大切さを改めて悟らせてくれる」とされる書籍が刊行され，注目をあつめた*64。タイトルは，『キリンビール高知支店の奇跡―勝利の法則は現場で拾え！—』で，著者の田村潤は，1950年に東京都で生まれた，元キリンビール株式会社・代表取締役副社長である。「95年に支店長として高知に赴任した後，四国４県の統括本部長，中部圏の統括本部長を経て，07年に代表取締役副社長兼営業本部長に就任」し，「全国の営業部の指揮を執り，09年，キリンビールのシェアの首位奪回を実現した」中心人物である*65。同書では，「まずは地道に営業マンが現場である居酒屋などの飲食店を回る『質より量』の営業の導入」などについて論じられているが，「本書は硬直化した組織を中央からではなく地方から，上ではなく下から変えるという教訓でもある」との評判があるように，公務員の世界でも有益な記述が多数みられる*66。そこで，同書の内容を紹介してみたい。

同書では，「後になって気付いたことですが，この闘いの本質はライバルとの闘いというよりも，自社の風土との闘いといえると思います」との著者の考えが登場する*67。これはまさに，公務員の職場でもあてはまることだ。おなじように，「成績が悪くなるほど，本社では会議が連日続き，営業の現場へはこれをやれ，あれをやれという指示が増えていきます。そうなるとその指示をいかにこなすか，忠実に守るか，という受け身の営業スタイルに陥り，言われたことをこなすだけで精一杯となるのがよくあるパターンです」という記述も，役所の職務に相通じるものがある*68。

さらに，興味深いのは，民間企業といえども，行政機関とおなじような体質をもっていることだ。著者によると，「売れすぎて困っていた時代ですから，役所以上の役所とまでいわれ，官僚主義，形式主義，実行より手続き，現場より会議，本質把握より細かな分析を大事にする，といった風土でした。それも真面目で仕事熱心な人たちが実践しているのですから，やっかいです」とのことだ*69。

そうしたなかで，改革をこころみる著者は，「自分が考えて確信をもてることしか部下に言ってはいけない，ということ。メンバーと話してみると，それまでのリーダーは本社・四国地区本部から言われたことをそのまま下ろしていたようでした。それを，営業マンがやってみると大部分うまくいかない。そうして，営業マンはリーダーの言うことを徐々に信用しなくなったのではないだろうか」との発見をする*70。くわえて，「低い目標設定をしたほうがラクに決まっているが，それでは意味がない。目標とは達成できそうな範囲内にするものではありません。あくまでもビジョン実現のために設定する高い壁であり，その壁を乗り越えようとチーム全員が力を合わせて取り組むプロセスが勝利への道となるのです」と確信するが，これはまさに，行政の世界においても通用する話である*71。

ここで，「チームワークとは何か」との疑問が生じてくる。著者によれば，「それは馴れ合いではなく，ひとりひとりが自立することによってお互いを認め合って生まれるものです。それぞれが相手のために役立つことは何かを考えるようになる。『結果のコミュニケーション』を通じて，それぞれが自分の約束に責任をもつようになった。だからこそチームワークが生まれてきたのだと思います」と語っている*72。協働ということばを考えていくうえでも，示唆にとむ。

また，著者は，「リーダー自身も現場をよく知っていることは重要です」「知り合いの数が増えていくと情報は連鎖し，加速度的に早く入るようになります」とも記しているが，これらも行政機関においてもあてはまる事柄である*73。そうしたなかで，「当時の支店は，とにかくひとりひとりの力が物凄くついてきて，難しい課題でも自分やチームで何とかしてしまう，そういう集団になっていました。もし隣の席の担当者が困っていれば，すぐに誰かがフォローやアドバイスをする，元気がなさそうであれば，飲みに行こうと先輩が誘って話を聞いたりしていました」という状況が出現してきたという。著者は，「隣の担当であっても，高知の問題イコール自分の問題と捉えていたからでしょう」と分析しているが，行政機関において，こうした意識変革が求められることはいうまでもない*74。

また，同書には，「わたしの考えでは，仕事とは，すなわち理念に裏打ちされたビジョンを達成するものです。『上から命令された施策や企画を忠実にこなすこと』のみが仕事だとする考え方は間違っています。疑問をもたず，ただこなすだけの仕事は面白くない。自分のやり方で創意工夫をすれば，その経験が自分の営業力として蓄積される。また，細部にわたる上からの強制は，とかく営業マンに必要な『お客様の視点』が見えなくなってしまうものなのです」との文言がみられるが，少子高齢社会において，《想像力》（imagination）や《創造力》（creativity）が求められる公務員にとって，有意義なアドバイスとなることはいうまでもない。もっとも，その折りに留意しなければならないのが，「経験からいえば，理念は形骸化するのが普通と思っていたほうがよいのです」「ビジョンは，机の上で最初に目標として考えたものではなく，営業の現場から自然に生まれてきたものです」といった点である。要するに，現場主義に徹することで，生きた理念が共有されてくるということだ*75。

その意味で，リーダーに求められる部分も大きくなってこよう。たとえば，「マネジメントの本質はリーダーが正しい判断ができて，正しい指示を出して，指示が言いっぱなしになっていないか現場を把握することにつきます」や「まず，リーダーがほんとうに覚悟を決めて腹をくくれ。現場からみると，口だけで先頭に立たないリーダーの言うことは聞きたくない。だから，部下が『この人のためならしょうがない』と思うような100度の熱を出し続けろ」との記述は傾聴にあたいする*76。

最後に，著者は，「会社生活を振り返りますと，懐かしく思い出されるのが入社してすぐに配属された岡山工場で，毎晩上司や現場の人たちと飲んでいたことです。そこでは会社や工場はどうあるべきか，今この問題で困っている，こう考えたらよいのではというような話を常にしていました。会議室ではどうしても建前が支配しますから本音ではこうだと言い合える場所が大事です。先輩の話を聞きながら全体感を養うことができましたし，大事なものを受け継ごうという使命感も知らないうちに湧いてきたように思います。最近はそのようなシーンを見かけることが少なくなり残念な気がします」としているが，これなどは，職場における“飲”ミュニケーションの重要性を説いている記述にほかならない*77。この“飲”ミュニケーションに関しては，行政機関においてもきわめて重要な要素といって過言ではない。

5 公務員に求められる危機管理能力

ところで，公共管理論の専門家である田尾雅夫・愛知学院大学教授は，NPMの動きを積極的には評価していないものの，「NPMが残した功績（＝成果の明示というリアリズム）は大きいものであって，それを全面的に否定することはできない」とし，「職員が起こした些細なミスがただちに不祥事として扱われ，事故が事件に転嫁しやすいということがわかっただけでも残された遺産は大きい」と論じている*78。換言すれば，この発言は，危機管理が話題になるなか，公務員にもその対応力が求められるようになったことの重要性を説いているといってよかろう。

それでは，公務員の世界において求められる危機管理能力とはいかなるものであろうか。その能力を涵養するための基盤として，「地道な作業のくり返しこそが重要！」ということを肝に銘じる必要がある。そして，地道な作業をくり返すなかで，自分自身におけるPDCAサイクルを確立していくことができるかいなかが重要となってくる。そうした過程をつうじて，いざというときに役だつ財産ともいうべき，人と人との密接なつながりもでてくるのだ。前出の田村も語っているように，「知り合いの数が増えていくと情報は連鎖し，加速度的に早く入る」こととなる。それによって，危機時に適切な判断をくだすための材料＝情報を迅速に入手することが可能となるのだ。

つぎに，危機管理能力にたけた人材とは，どのような能力を有しているのであろうか。ここでは，以下の５点をあげておこう*79。

①多様化する「危機」に気づくことができる
②「うちではおこらない」から「うちでもおこる」という意識変革ができる
③「“絶対”はありえない」といい切れる

④《想像力》から《創造力》への転換がはかれる

⑤危機があらたな危機をひきおこす,「危機の連鎖」を断ち切れる

まず,はじめの「①多様化する『危機』に気づくことができる」という能力についてである。たとえば,2017年6月14日の『朝日新聞』において,「環境省は13日,強い毒を持つ外来種のアリ,『ヒアリ』を国内で初確認したと発表した。中国から船で運ばれたコンテナ内にいるのを兵庫県尼崎市で見つけ,消毒して死滅させた。環境省は『現時点ではヒアリが定着し繁殖している可能性は低い』としているが,念のため,周辺に侵入していないか緊急調査を始めた」との記事が掲載されたが,このニュースを危機と感じることができるかどうかが大きなポイントとなる。もちろん,ヒアリが発見された尼崎市役所の職員や近隣自治体の職員は,これを危機と感じたかもしれない。だが,この報道に接して,北海道内や沖縄県内の自治体の職員もおなじような危機感をいだいたであろうか。おそらく,そのような感情をもったという職員は皆無に等しいであろう。ここで,なにを訴えたいのかというと,まさに,「②『うちではおこらない』から『うちでもおこる』という意識変革ができる」かどうかがカギをにぎっているということだ。こうしたニュースを他人事と思わず,もし,自分のところでおこったらと思えるような発想が求められる。

そのためにも,「③『“絶対”はありえない』といい切れる」態度が重要だ。この世に,“絶対”が存在すると思うと,そこからさきはなんの行動もともなわなくなる。それでは,なんら危機管理策は講じられないのである。「“絶対”はありえない」との意識のもと,行動していくことが公務員には緊要である。そうしていくことで,「④《想像力》から《創造力》への転換がはかれる」わけだ。この《想像力》をやしなっていくためにも,ふだんからの“飲”ミュニケーションが不可欠となってくる。リラックスした状態で,ともに語りあうことによって,いいアイデアも共有されていくにちがいない。

そして最後に,「⑤危機があらたな危機をひきおこす,『危機の連鎖』を断

ち切れる」かどうかが，問われる。多様化する危機に気づき，迅速かつ的確な対応を講じていっても，またあらたな危機が生じる可能性は否定しきれない。それゆえ，その危機が大きな危機とならないうちに，手を打つということが「危機の連鎖」を断ち切るうえでも，カギをにぎるのだ。

また，べつないい方をすれば，危機管理をになうためには，二面性をもった公務員になっていかなければならない。たとえば，俊敏さと慎重さ，どあつかましさと繊細さという一見相容れないような2つの側面をあわせもつ人物こそが，危機的な場面において，能力を発揮するのだ。それは，ふだんの行政機関の業務においては，慎重さがことさら要求されるが，危機時には，慎重さのみならず，俊敏さがきわめて大切となってくるからである。そうした両面をかねそなえた人材こそが，危機管理に適する人物といえる。これまでの公務員は，一面性だけで十分であったかもしれない。だが，これからは二面性が必要不可欠であり，いい意味でのはったり力と裏打ちされた力の両面をもちあわせていくことまでも求められよう。そのためにも，従来から蔓延している，官尊民卑の意識を克服できるかが問われる。これによって，行政の“主役”が住民であって，公務員はそのための“脇役”でしかないとの意識も醸成されてくるにちがいない。もっとも，こうした意識の変革は，たんに，公務員だけに求められるのではなく，住民についても求められることはいうまでもない。

6 結び

「市民に向き合う地方公務員の資質の向上は，1980年代以降のNPMの興隆とともに，公共性を重視する施策立案よりも実施における技術の必要，そして向上に向かうことになった」という。しかしながら，こうした動きによって，「公務倫理を軽視しがちな方向に向かうこともなかったとはいえない」のだ。もっとも，「それはNPMそれ自体が本質的に有している」性格でもあった。とはいえ，「市民のための利便性の向上に努めれば，それはそれでよいのではないかということでは，方向は同じであるが，市民と真摯に向き合う地方公務員としての立場は影を薄くしてしまうことになった」のもまた，事実である。「とにかく成果を大きくすれば，コストを少なくすれば，それはそれでよいではないか」といった意識をはびこらせることにもつながってしまったのである*80。

この数十年のあいだに，3E（Economy，Effectiveness，Efficiency）を強調する手法が，過度に重視されたため，不幸にも，公務員を「天職」といえない人々がふえてきてしまっている現状がある。今後は，“NPM至上主義”をあらため，だれのための公務員かという根本的な問いをいま一度，想起すべきかもしれない。もちろん，地方自治の場において，住民が“主役”であり，公務員はあくまでも“脇役”でしかないことは事実である。だが，TAPE（Transparency，Accountability，Participation，Equity）を尊重しつつ，ガバナンス（共治・協治）をすすめていくことで，「天職」としての地方公務員が数多く出現してくることを期待してやまない*81。

注

＊1　人事院編『公務員白書』〔2016年版〕，45-46頁。
＊2　田尾雅夫『公共マネジメント―組織論で読み解く地方公務員―』（有斐閣，2015年），4頁。
＊3　『毎日新聞』2016年10月27日，2面。
＊4　厚生労働省編『厚生労働白書』〔2016年版〕，4-5頁。
＊5　同上，6頁。
＊6　同上，7頁。
＊7　『読売新聞』2016年10月22日，4面。
＊8　同上，2016年11月15日（夕），3面。
＊9　『毎日新聞』2016年11月15日（夕），1面。
＊10　『読売新聞』2016年11月15日（夕），3面。
＊11　『朝日新聞』2016年10月18日，1面。
＊12　『毎日新聞』2016年10月13日，2面。

＊13 『朝日新聞』2016年12月16日，４面。
＊14 本田弘「政治参加」大学教育社編『現代政治学事典』（ブレーン出版，1991年），537頁。
＊15 S・ヴァーバ＝N・H・ナイ＝J・キム著，三宅一郎監訳『政治参加と平等―比較政治学的分析―』（東京大学出版会，1981年），11頁。
＊16 『第百六十六回国会　衆議院会議録　第二号（二）』2007年１月26日，３頁。
＊17 『第百六十五回国会　参議院会議録　第五号』2006年10月４日，28頁。
＊18 教育基本法の改正をめぐっては，与党内は一枚岩とはいえず，「改正案は前文と全18条で構成され，前文に『公共の精神』や『伝統の継承』を盛り込んだほか，教育の目標に『我が国と郷土を愛する態度を養う』と明記した」ものの，「この『国』について，公明党が『戦前の全体主義的な教育に戻る印象を与える』と懸念を示したことから，両党は，統治機構としての『国』を含まないことを確認。首相も30日の答弁で『「国を愛する」には，「統治機構（を愛する）」は含んでいない』と改めて強調した」とする報道があったことを紹介しておきたい（『読売新聞』2006年10月31日，３面）。
＊19 この点に関しては，浅野一弘『現代政治論―解釈改憲・TPP・オリンピック―』（同文舘出版，2015年），149-150頁を参照されたい。
＊20 http://www.kantei.go.jp/jp/headline/seichosenryaku/sanbonnoya.html（2017年２月20日）。
＊21 『アエラ』2013年７月15日号，17頁。
＊22 『朝日新聞』2015年１月19日，２面。
＊23 同上，2014年11月23日，７面。
＊24 http://www.kantei.go.jp/jp/headline/ichiokusoukatsuyaku/（2017年２月20日）。
＊25 http://www5.cao.go.jp/keizai1/abenomics/abenomics.html（2017年２月20日）。
＊26 たとえば，みずほ証券のチーフマーケットエコノミストである上野泰也は，「アベノミクスの三本の矢（金融緩和，財政出動，成長戦略）の効果はどうですか」との問いに，「個人的な見解ですが，限界がそろそろ見えたのではないか」と断じていた（『毎日新聞』2015年９月８日〔夕〕，２面）。
＊27 ちなみに，地方創生の実務をになう，「まち・ひと・しごと創生本部事務局」のスタートにあたって，安倍は，「安倍内閣の今後の最大の課題は，豊かで，明るく，元気な地方を創っていくことであります。今までも，『地域こそ日本の活力の源である』，『地域が元気でなければ日本は元気にならない』，こういう掛け声はあったのでありますが，残念ながら，今地域の状況は厳しい。このままでは

消滅をする地域も出てくると予測されているわけでありまして，まさに喫緊の課題，待ったなしと言ってもいいと思います」と，担当職員への訓示をおこなった（http://www.kantei.go.jp/jp/headline/chihou_sousei/abe_kunji.html〔2017年2月20日〕）。

＊28　http://www.kantei.go.jp/jp/headline/ichiokusoukatsuyaku/（2017年2月20日）。

＊29　http://www.kantei.go.jp/jp/97_abe/actions/201510/15kunji.html（2017年2月20日）。

＊30　『毎日新聞』2016年10月21日，6面。

＊31　http://www.seikei.ac.jp/web_mag/91（2017年2月20日）。/

＊32　http://www.kantei.go.jp/jp/97_abe/actions/201609/02kunji.html（2017年2月20日）。

＊33　http://www.kantei.go.jp/jp/97_abe/actions/201602/23ichioku.html（2017年2月20日）。

＊34　安倍は，しばしば，国会の場において，「安倍政権は，いわゆる移民政策をとることは考えておりません」（『第百八十七回国会　衆議院会議録　第三号』2014年10月1日，11頁）や「まず，安倍政権は，いわゆる移民政策をとることは全く考えていないということを申し上げておきたいと思います」（『第百八十七回国会　衆議院地方創生に関する特別委員会議録　第七号』2014年10月31日，8頁）などと明言しており，こうした推理は，十分成立するといえよう。

＊35　ヒラリー・ロダム・クリントン著，日本経済新聞社訳『困難な選択（下）』（日本経済新聞出版社，2015年），404頁。

＊36　安倍は，著書『新しい国へ』のなかで，「家族のかたち」について，「『お父さんとお母さんと子どもがいて，おじいちゃんもおばあちゃんも含めてみんな家族だ』という家族観と，『そういう家族が仲良く暮らすのがいちばんの幸せだ』という価値観は，守り続けていくべきだと思う」と断言している（安倍晋三『新しい国へ―美しい国へ　完全版―』〔文藝春秋，2013年〕，221頁）。

＊37　『朝日新聞』2016年10月8日，4面。

＊38　全体主義と安倍政権の関連については，本書第1章を参照のこと。

＊39　たとえば，2017年6月19日におこなわれた記者会見の場で，安倍は，「人づくりこそ次なる時代を切り拓く原動力であります」としたうえで，「これまでの画一的な発想にとらわれない『人づくり革命』を断行し，日本を誰にでもチャンスがあふれる国へと変えていく」と語っている。この折り，なぜか，この「人づくり革命」を日本国憲法とからめ，「憲法施行70年の節目である本年，次なる70年，その先の未来をしっかりと見据えながら，『人づくり革命』の実現に向けて，総

合的かつ大胆な戦略を構想したいと考えています」との決意を披露している（http://www.kantei.go.jp/jp/97_abe/statement/2017/0619kaiken.html〔2017年9月5日〕）。

＊40 ここでの検索にあたっては，おのおのの新聞社が提供する，「ヨミダス歴史館」，「聞蔵 IIビジュアル」，「毎索」を使用している。

＊41 『読売新聞』1889年10月11日，2面。

＊42 『朝日新聞』1894年9月22日，6面。

＊43 『毎日新聞』1967年1月9日（夕），5面。

＊44 欧陽修著，徐無党注，石川鴻斎校『五代史―増補点註―』（博文館，1894年）。

＊45 星野光多『日本国民の天職と日露戦役』（警醒社，1904年）。

＊46 フィヒテー著，杉谷泰訳『人間天職論―人生解決―』（博文館，1906年）。

＊47 羽仁五郎「図書館人の天職」『世界』1954年6月号。

＊48 新村出編『広辞苑』〔第6版〕（岩波書店，2008年），1947頁。

＊49 小学館国語辞典編集部編『精選版　日本国語大辞典』〔第二巻〕（小学館，2006年），1697頁。

＊50 渡邉敏郎＝E. R. Skrzypczak＝P. Snowden編『研究社　新和英大辞典』（研究社，2003年），1817頁。

＊51 矢野善郎「天職」見田宗介顧問，大澤真幸・吉見俊哉・鷲田清一編『現代社会学事典』（弘文堂，2012年），919頁。

＊52 内村鑑三「日本国の天職」内村鑑三『内村鑑三全集　1』（岩波書店，1981年），286頁。

＊53 内村鑑三「天職発見の途」内村鑑三『内村鑑三全集　20』（岩波書店，1982年），108頁。

＊54 内村鑑三「如何にして我が天職を知らん乎（或る青年婦人に告げし言葉）」内村鑑三『内村鑑三全集　12』（岩波書店，1981年），347-348頁。

＊55 内村鑑三「日本の天職（九月廿八日朝の説教）」内村鑑三『内村鑑三全集　28』（岩波書店，1983年），401頁。

＊56 「完全なる職業」鈴木俊郎編『内村鑑三所感集』（岩波書店，1973年），109頁。

＊57 清水幾太郎・清水禮子訳「職業としての政治」阿部行蔵訳者代表『ウェーバー政治・社会論集（新装版）』（河出書房新社，1988年），431頁。

＊58 足立忠夫『職業としての公務員―その生理と病理―』（公務職員研修協会，1978年），44頁および354頁。

＊59 片岡寛光『職業としての公務員』（早稲田大学出版部，1998年），54-55頁。

＊60 田中守「公務員の社会的責任」地方自治研究資料センター編『公務員の倫理と価値観』（第一法規，1981年），34-35頁。

＊61　北海道「新・北海道職員等人材育成基本方針」(2016年３月)(http://www.pref.hokkaido.lg.jp/sm/jnj/jinzaiikusei-houshin.pdf〔2016年２月20日〕), ４頁。

ちなみに，この「新・北海道職員等人材育成基本方針」は，2005年３月にも策定されているが，２つの基本方針をみくらべると，2005年版にはなかった，「厳しい行財政環境の中，限られた人的資源と財源で，質の高い行政サービスを持続的に提供していくため，職員一人ひとりがコスト意識やスピード感をこれまで以上に持つとともに，様々な専門性を有する職員が知識と経験を共有するなど連携・協力しながら，組織全体の機能を高め，効率的・効果的な行政運営を行う必要があります」という文言が，「求められる職員像と向上すべき資質・能力」のなかの「求められる職員像」に登場している（同上，５頁)。これらからも，民間同様，「コスト意識」と「効率的」な運営が行政機関においても求められていることがわかる。

＊62　秋元康「まえがき」秋元康・鈴木おさむ『天職』(朝日新聞出版，2013年), 5-6頁。

＊63　鈴木おさむ「あとがき」同上，235-238頁。

＊64　『エコノミスト』2016年９月６日号，55頁。

＊65　http://bookclub.kodansha.co.jp/product?isbn=9784062729246（2016年２月20日)。

＊66　『朝日新聞』2016年８月14日，９面。

＊67　田村潤『キリンビール高知支店の奇跡―勝利の法則は現場で拾え！―』(講談社，2016年), ４頁。

＊68　同上，５頁。

＊69　同上，21-22頁。

＊70　同上，30頁。

＊71　同上，40頁。

＊72　同上，54頁。

ちなみに，ここでいう「『結果のコミュニケーション』とは，コンサルティング会社のアドバイスをもらいながら導入した手法で，メンバーが自発的な目標を定め，リーダーとの間で約束（コミットメント）したら，その合意の結果をしっかり検証する，というものです」「まず，メンバーにはそれぞれ，今までうまくいっていなかったことも，実は自分たちの選択であったことを自覚してもらい，自分で目標を立てさせるのです。これはノルマではありません。本人発のコミットメントなのです」とのことだ（同上，46-47頁)。

＊73　同上，54頁および100頁。

＊74　同上，107頁。

＊75　同上，87頁，132頁および153頁。
　ちなみに，同書には，「現場主義を貫き，自分の頭を使って工夫をしていると，少ないコストで最大の成果を呼び込むことが可能になってきます」との指摘がなされている（同上，137頁）。
＊76　同上，157頁および164頁。
＊77　同上，187頁。
＊78　田尾，前掲書『公共マネジメント』，16頁。
＊79　さらにくわしくは，浅野一弘『日本政治をめぐる争点―リーダーシップ・危機管理・地方議会―』（同文舘出版，2012年），34-58頁を参照されたい。
＊80　田尾，前掲書『公共マネジメント』，16頁。
＊81　TAPEについて，たとえば，浅野一弘『現代地方自治の現状と課題』（同文舘出版，2004年），ⅰ-ⅱ頁を参照されたい。

※　　なお，本補論は，自治労全道庁労連・第22回自治研集会における講演「『天職』としての道職員―モラルとモラール―」（2016年6月18日）および札幌トヨタ自動車労働組合・いきいき世代セミナー　2016における講演「現代日本社会の争点―わたしたちの暮らしはどうなるのか？―」（2016年11月15日）の一部に加筆・修正をおこなったものである。
※　　また，本補論は，「2017年度　札幌大学研究助成」の成果の一部であることを付言しておく。

補論2

ライス国務長官の素顔
―自伝と回顧録から読みとく―

1 はじめに

読売新聞社・論説委員の内田明憲は,「米国の書店で驚かされるのは,広々とした『伝記』のコーナーがあることだ」としたうえで,「政治分野では,大統領ら政府高官や国会議員がよく回顧録を書く。ジャーナリストは政界の舞台裏を克明に報じる。関係者も積極的に取材に協力するうえ,読者も強い関心を示す」と述べている。そして同時に,「重要な政策決定の経過を記録して,広く国民に知らせ,後世の評価・検証を仰ぐ。そうした情報公開を重んじる伝統と価値観が社会全体に定着しているのだろう」とも語っている*1。このように,米国において,政策決定過程にかかわった人物が,回顧録をあらわすのは一般的なことで,その著作も,大きな意味をもつといってよい。

また,ノンフィクション作家の保阪正康は,『政治家と回想録―読み直し語りつぐ戦後史―』のなかで,「政治家は,総じて自らを語ることに積極的である。同時にそこには虚偽や誇大なエピソードがしばしばまぎれこんでいるし,ときには責任のがれの言とて少なくない。あるいはその政治家がもっとも語らなければならない部分が,意図的に割愛されていることさえ珍しくない」と記している*2。そのため,政治家のあらわした回想録をもちいて,その人物を語るという手法には問題がないわけではない。しかしながら,政治家のあらわした著作をとおして,政治家が,重大なトピックに直面した折りに,どのように判断し,どのような行動をしたのかの一端をうかがいしれるはずだ。

そこで，本補論においては，コンドリーザ・ライスの著書『コンドリーザ・ライス自伝―素晴らしいありふれた家族の物語―』（*Extraordinary, Ordinary People: A Memoir of Family*）*3と『ライス回顧録―ホワイトハウス 激動の2920日―』（*No Higher Honor: A Memoir of My Years in Washington*）*4の２冊をもとに，ライスの人物像を描きだそうと考えている。

論述の順序としては，まずはじめに，ライスの誕生からジョージ・W・ブッシュ政権時に，ホワイトハウス入りするまでの経歴について紹介したい。つぎに，同政権下で，国家安全保障問題担当大統領補佐官と国務長官をつとめた時期の思考について，検証する。また，ライスが日本をどのようにとらえていたのかについても，考察する予定である。そして最後に，ライスののこした業績について，簡単な私見を述べてみたい。

2 ホワイトハウス入りするまでのライス

（1）生誕から大学卒業まで

ライスの父親である「ジョンはスミス大学で学士号を取得した後，大学院でさらに二年間神学を学び，一九四八年，二十四歳で修士課程を修了した。まずバトン・ルージュの教区に勤務し，その後五一年に，父親のウェストミンスター長老派協会を引き継ぐためにバーミングハムへ移った」。他方の母・アンジェリーナは，「ピアノを熱心に学び，教育学の学位を取得するために大学へ進学し，その後，フェアフィールド工業高校で音楽と科学を教えた」人物であった*5。

では，この二人は，どこで知り合うこととなったのか。母のアンジェリーナが勤務していたフェアフィールド工業高校で，アメリカン・フットボールのアシスタント・コーチをつとめていた新任の体育部長が，父・ジョンであったのだ。おなじ高校ではたらく二人が結ばれたのは，1954年２月12日のことであった*6。

そして，両親が結婚したのとおなじ年の11月14日，アラバマ州バーミングハムの地で，ライスは誕生した。出産後すぐに，「ユニークで耳に心地よい名前にしたい」との思いをもって，「母は娘の名前について検討を始めた」ようだ。母・アンジェリーナは，「イタリア語の音楽用語を参考にして最初はアンダンティーノに決めた」という。だが，「それが“ゆっくり動く”という意味だと気づき，名前にはふさわしくないと考えなおした。アレグロは“速く”という意味なのでもっとふさわしくなかった」。そして，結局，ライスの「母は“甘美に”を意味するコン・ドルチェとコン・ドルチェッツァという音楽用語を見つけた。ただ，英語圏では“ドルチェ”ではなく“ドルシ”と発音されるだろう」との懸念から，若干，ことばを変え，娘をコンドリーザと命名したのであった*7。ちなみに，「コンディの両親の家系では，テレサ，アンジェレーナ，アンジェラ，ジェノア，アルトなど，代々イタリア語の名を付けてきた」そうだ*8。ところで，他方の父・ジョンは，「男児の誕生に備えていた」ようで，アメリカン・フットボールを愛するあまり，息子が「全米代表のランニングバックか，ひょっとしたら，ラインバッカーになるかもしれないと思いつつ」，「フットボールのボールやほかのスポーツ用具を買いこんだ」とのことである*9。とはいえ，この父も，「娘を『我がリトル・スター』と呼び，生涯そう呼び続けた」そうだ*10。

愛娘に対して，ライスの「父ジョンと母アンジェリーナは，教育の機会と呼べるものならほとんどなんでも試してみようと心に決めていた」という。それは，「教育こそ何ものにも負けない一種の鎧だとふたりは確信していた」からであり，「バーミングハムや全米にはびこる深刻な人種差別からさえも身を守れる」のが教育であると考えていたからだ*11。いうまでもなく，この当時の黒人は，ライスの生まれた「アラバマ州で白人と対立すればどんな状況であれ負けるしかなかった」が，ライスの両親は，「教育と勤勉と，完璧に話す英語と，そして，“彼ら”の文化にある“美点”を認識することで，それを変えることができると信じていた。“彼ら”の二倍有能であれば，好かれはしないにしても，敬意は持たれるにちがいない」との思いをいだいていたというのだ。「充実した豊かな生活を求めるだけの余地はあるはずだ。無力な境遇の犠牲者に甘んじるのは最低である」との考えをもつ，ライスの「両親はそのような立場には陥るまいと断固として決意した」。もちろん，娘には「そういう将来を与えないという決意はなおいっそう強かった」のだ*12。

そのためであろうか，ライス家では，「コンディが生まれて以来，両親はどの大学が娘に最高の機会を与えてくれるかずっと検討し続け，また一家は夏に大学キャンパス巡りをしていた」という*13。

そうしたなか，つぎのような逸話がのこっている。10歳の折り，ライスが「『教育伝道師』と表現したほど教育熱心な両親」とともに，首都ワシントンDCを訪れた際，「ペンシルヴァニア通りを歩いたライス親子は，ホワイトハウスの前で立ち止まって門越しに中を覗いた。コンドリーザは支柱が聳える正面玄関を静かに見つめていた。三人は黙って立っていたが，やがて少女は父親に向かってこう言ったのだった。『パパ，今は肌の色のせいで門の中へ入れないけれど，いつかここに住むわ！』」*14。のちに，このライスの発言が現実のものとなると，だれが想像したであろうか。だが，ライスは，このときのことばを実現させたのであった。そこには，「黒人隔離のジム・クロウ法に支配されたバーミングハムで一人娘を育てた」両親が，「たとえ〈ウールワース〉の軽食堂でハンバーガーを食べることはできなくても，アメリカ合衆国大統領にはなれるかもしれないと，娘であるわたしに信じさせてくれた」ことが大きい*15。こうした両親の思いとともに，成功の裏には，ライス自身の努力の積みかさねもあったことはいうまでもない。

このように，ライスの両親が教育熱心であった背景には，「母方の曾祖父は黒人召使いとの間に息子一人と娘二人をもうけた白人の奴隷所有者だった」こと，「父方の曾祖父の母のように，この女性〔母方の曾祖母〕は教育を受けた家系の出身で，寵愛を受けた召使いだった」ことが関係しているように思われる。そのため，「コンディの両親の家系には，独立独行や教育への献身という強い血が流れていた」といえる*16。こうしたことからもわかるように，通常，「バーミングハム出身と聞くと，多くの人々はコンディが貧しく恵まれない子ども時代を過ごし，公民権運動によってようやく日の目を見たと思いがちだ」が，「コンディはアメリカの公民権運動の成果ではなく，一族に受け継がれて来た血筋によって紡ぎ出された」という事実を忘れてはならない*17。現に，幼少期のライスは，「あちらの区域は『とても物騒だから』と」，母親から，おなじ「レーン小学校の友達が家に来ることはかまわないが，向こうの家を訪ねてはいけないと言われた」という。このように，「人種隔離されたバーミングハムの黒人社会にはかなりの階層化が生じていた」のだ*18。そのため，ライスは，「人種差別に遭いはしたが，バーミングハムでの子ども時代は，他の黒人に比べれば特権的と言っていい」暮らしぶりであった*19。

いずれにせよ，教育熱心であった両親の思いを知ってか知らずか，「コンディは五歳の頃にはすらすらと本を読めていた」ようだ。そこで，母親は，「すぐに学校へ通わせることを望んだ」。だが，「地元の黒人の小学校の校長から早すぎると言われた」ことをきっかけに，アンジェリーナは，「一年間フェアフィールド高等学校を休職し，家でコンディに教えることにした」という。このように，母・アンジェリーナにとって，「学ぶ準備のできている子が，一年間学ばずに無駄に過ごすなんて考えられなかったのだ」。現に，「コンディは飛び抜けて優秀だったので，小学一年と中学一年を飛び級した」ほどの才能のもち主であった*20。

さて，ライスの父・ジョンは，のちに，「デンバー大学で夏季大学院コースを修了し，一九六九年六月十日に教育学の修士号を取得した」。そして，同年，「デンバー大学から入学担当事務局副局長というポストを提供され，ほどなく授業も担当するようになった」のだ。くわえて，おなじ年に，「文理学部の学部長補佐となり，七三年には副学部長に昇進した。また学生部の副部長補佐を短期間務め，七四年には副学長になった」。このように，「ジョン・ライスは，デンバー大学での十三年間に，様々な管理職を経験した」のである*21。デンバー大学でのジョンの「職責のひとつは，全学生の多様性を広げること」であった。だが，「単に学生を多様化させるだけでは充分ではない」と考えたジョンは，「ミッチェル学長とブラックバーン博士のところへ行き，デンヴァー大学の学生全員にアメリカの黒人について充分に理解させるカリキュラムを開発したい」と申しでるなど，熱心なとりくみをおこなった*22。

自伝のなかに，音楽教師でもあった「母はわたしを音楽家に育てあげると決意していた」との記述があるように*23，ライスは幼少期から，ピアノに打ちこんでいた。そのこともあって，「国家安全保障問題担当大統領補佐官としてチェロ奏者ヨーヨー・マと共演し，国務長官としてイギリス女王の前で演奏する機会」ももっているほどだ*24。だが，ライスは，ピアニストへの道をえらばなかった。この選択をおこなった背景には，あるできごとが関係している。大学２年から３年になる夏，「コンディは有名なアスペン音楽祭に参加し，これまでになく厳しいコンクールに出場した」。そのとき，「私だったら丸一年かかるような曲を，初見で演奏できる十一歳の子に出会ったのです。私はバーやノードストロム・デパートで弾くようにはなれても，カーネギー・ホールで演奏するようなピアニストにはなれないと思いました」と，ライスは心情を吐露している*25。こうして，「この夏でわたしはピアニストとして格段に上達したと自覚した」ライスは，「同時に，どこまで上達しようと，どれほどがんばろうと，わたしが充分にうまくならないこともわかった」のだ。そして，「自信喪失の危機を経験してアスペンを去り，デンヴァーに帰って新たな道を探すことにした」のであった*26。

とはいえ，興味深いことに，「コンディのこうした経歴は，当初大学で音楽を専攻した数名の著名な政府高官たちと共通している」ことを指摘しておきたい。たとえば，「一九七〇年から七四年（コンディはその頃学部生だった）にかけて英国の首相を務めたエドワード・ヒースは，オクスフォードの学生時代，オルガニスト兼合唱団の指揮者だった」し，「政界引退後は，オーケストラの指揮者として多くの時間を過ごし，ヨーロッパ中で演奏した」。また，

「アラン・グリーンスパン元連邦準備制度理事会（FRB）議長は，ジュリアード音楽院で木管楽器奏者を目指していた。グリーンスパンはクラリネットとサクソフォンを学び，ジャズバンドで演奏していたが，後に進路を変更し，ニューヨーク大学で経済学の学位を取得した」のであった*27。

ピアニストの道を断念したライスは，「英文学と，州政府と地方自治体に的を絞った政治学の両方でつまずいたあと，三年生の春にはかなり焦っていた」。ちょうど，「そのとき，ジョゼフ・コルベルという教授が教える国際政治入門講座をたまたま受講した」のであった。ライスによれば，「彼はまったく新しい世界をわたしに開いてくれた」とのことだ。ライスは，「外交官の仕事について語る教授の話が大好きだった。コルベルはソビエト連邦の専門家で，ヨシフ・スターリンの権謀術数や陰謀の話にたちまち魅了された。学期の終わりにわたしは教授に面会を求め，ソ連の専門家になって国際政治の勉強がしたいと申しでた」のである。このコルベルとの出会いが，のちの政治家・ライスを生みだす契機となった。ちなみに，コルベルは，「第二次大戦中にチェコスロバキアの外交官を務め，一九四八年のカシミール紛争を国連のために調停し，その後，デンヴァーに身を落ち着けてデンヴァー大学国際学大学院を創設した」人物であった。このコルベルの娘は，ビル・クリントン政権下で国務長官に就任する，マデレン・オルブライト（ジョージタウン大学教授）である*28。

ライスが，「新たに専攻した分野では，ロシア語の修得が重視されていた」。ロシア語の修得が困難とされているものの，ライスは「次第にこの言語への理解を深め，その後の人生や仕事の中心を占めるようになるロシアに対して，ますます親近感を抱くようになった。卒業までに二年間しかない中で，専攻分野のコースを幅広く受講する時間はなかったが，必要な科目はすべて修得し，自ら幅広く文献を読みこなした」*29。ライスが，言語の修得を苦にしなかった一因には，幼少期に，「何カ国語も話す〈チャーミン・チャティ〉人形」をもっていたことがあげられる。クリスマス・プレゼントとして送られたこの人形には，「レコードを挿入することができて，人形がフランス語，スペイン語，ドイツ語を話した」。それゆえ，ライス自身，「わたしはこの人形が大好きで，多言語を操る楽しさを早いうちから覚えた」と述懐している*30。

（2）大学院入学からスタンフォード大学への就職まで

ライス自身が語っているように，「政治学を始めたのがとても遅かったので，ソ連への関心を追求するにはもう一年，大学で勉強する必要があった」ようだ。そこで，ライスは，「政治学と経済学の研究のためにいくつかの大学院に願書を出し，ペンシルヴェニア州立大学を除くすべての大学から入学を認められた」。そして，結局，「ソ連の研究では非常に優れたプログラムがあり，経済学の重点的研究も奨励していた」ノートルダム大学の大学院に入学することをきめたのだ*31。ノートルダム大学の「政治・国際研究学部が，全米でも屈指のソヴィエト研究センターを擁していた」こともあって，「ノートルダムのこの学部出身者は外交や国際関係の職に就ける可能性が高く，または法律や学術分野に残って大学院で研究するための下地にすることもできた」。この当時をふり返って，ライスが，「『ロシアの歴史関連における就職市場は，コンサート・ピアニストをめざすよりもずっと恵まれています』と答えている」のは，注目にあたいする*32。

ライスのことばを借りれば，「大学院は充分にやりがいがあったが，それほどむずかしくはなかった。政治学部の勉強でソ連研究への興味は確認できたものの，経済学のクラスのほうが魅力的だった。わたしの指導教授で政治学部長のジョージ・ブリンクリーは好きだったが，ソ連研究はあまりにもとらえどころがなくて厳密性に欠けていた。何年もたってからであれば軍事の研究をしたことだろう。ずっと具体的だからだ。軍には目に見える兵器があり，数字で示すことのできる予算があり，読める理論がある。ソビエト連邦の政治の研究は，レオニード・ブレジネフがアレクセイ・コスイギンに語ったかもしれない内容を，ロシア語の新聞からわずかばかりの手がかりを集めて推測するようなものだ。わたしには向いていなかった」とのことだ*33。

だが，指導教授のブリンクリーによると，「ノートルダムにいた間に，ソヴィエトの軍事力と軍縮問題とソヴィエト・アメリカ関係に強い関心を抱くようになった」ライスは，「ソヴィエトの軍事問題に焦点を絞って修士論文を書いた」ようで，そののち，「デンバーへ戻った後も，博士課程の研究を進めるために連絡を取り合い，電話で話し合った」りするほど，ブリンクリー教授をしたっていたようだ。このように，「コンディのソヴィエト研究への関心は，デンバーで火を灯され，ノートルダムで初めて専門化し，凝集された」といえる*34。

しかしながら，「ノートルダムで過ごしていた頃，修士号取得後は法学院へ進学しようと真剣に考えていた」ライスは，デンバー大学の恩師であったコルベルに相談をもちかけた*35。「ソ連の専門家になりたいが，博士号は取りたくない。たぶん，ロースクールに行くだろうが，でも，弁護士にはなりたくない。『実際，自分が何をしたいのかわからないんです』とわたしは正直に言った」と，ライスが述懐しているように，みずからの進路についてかなり悩んでいたようだ*36。だが，コルベル教授から，「君は非常に優秀だから，教授になるべきだ」といわれたライスは，デンバー大学国際問題研究大学院に入学をはたしたのだ*37。このとき，コルベルからは，「熱心に，根気強く，ときには強引なくらい，学問の分野に進むよう言われた」という*38。

ライスによれば，「全体的に見てデンヴァー大学は最高だった」ようで，「博士号資格認定試験の準備を始め，論文の長さに匹敵する研究報告書の要件を満たすために，ソビエト連邦における政治と音楽をテーマにして，ヨシフ・スターリンの全体主義政治がプロコフィエフやショスタコーヴィチといった作曲家におよぼした影響を研究」することにしたという。ライス自身，「ようやくわたしは音楽と政治というふたつの関心を結びつけることができた」と語っている*39。その後，「論文のほうもついに前進し，東ヨーロッパにおける民事と軍事の民軍関係を研究テーマ」とするまでにいたった*40。なお，ライスの「研究の集大成は，『The Politics of Client Command: The Case of Czechoslovakia 1948-1975（従属国支配の政治—チェコスロヴァキアの場合，一九四八-一九七五年)』という題の論文」となり，これが，「一九八四年にプリンストン大学出版会から発行された初めての著書，『Uncertain Alliance: The Soviet Union and the Czechoslovak Army, 1948-1963（不確実な同盟—ソヴィエト研究とチェコスロヴァキア軍，一九四八-一九六三年)』の土台となった」ことを付言しておく*41。

ちょうど，このころ，ライスははじめてソ連を訪れ，「ソビエト連邦の研究を選んだのは正しい決断だったと実感した」り，国務省の実務研修に応募し，「国際関係がらみで初めて給料がもらえる仕事をすることになった」り，「ソビエト連邦を盟主とする東ヨーロッパ諸国の軍事同盟，ワルシャワ条約機構に関するプロジェクト」にとりくむため，ランド研究所の実務研修を受けたり，フォード財団の実施する「ソビエト研究および国際安全保障に関する二元的専門知識特別研究員」制度に応募し，スタンフォード大学で博士研究員として活躍するなど，“臨床政治学”的な経験も数多く積んでいった*42。

ライスの臨床政治学的なアプローチは衰えることを知らず，1986年の夏には，「大学の若手教員や中堅の専門職が特別研究員の地位を与えられ，連邦政府で働く一年間の契約を結ぶ」，「外交問題評議会の国際問題特別研究員」の資格を得て，統合参謀本部での実務経験を積むこととなった。ライス自身，「結果的に統合参謀本部での一年は人生でも最高の日々だった」と述べているように，ライスは，「ソビエト専門家として，誰もが思いつかないような戦争形態について助言する手伝いをした」。なかでも，「大きな仕事のひとつは，通称“タンク”と呼ばれる会議室で，統合参謀本部議長やその他の面々を前に，弾道ミサイルのない世界というレーガン大統領の構想を評価判断するプレゼンテーションを行なったこと」であったという。なお，この期間に，のちのジョージ・W・ブッシュ政権でともにはたらく，コリン・パウエル（のちの国務長官）やマイケル・ヘイデン（のちのCIA〔中央情報局〕長官）らと知りあっている*43。

スタンフォード大学に博士研究員として在籍した縁もあって，ライスは，同大学で，教員としての道を歩んでいくこととなる。スタンフォード大学では，「助教授時代から，現在見られる多くの才能をすでに発揮していた」ライスをめぐっては，「とても有能なリーダーで，決断力があり，頭脳明晰だった。賛成できない事柄についても，もっともな理由を挙げた。人と意見が異なる時には特に冴え，たいていの場合，相手を打ち負かしていた」との証言もあるほど，はやくから，有能ぶりを発揮していたようだ*44。そのため，ライスは，「一九八七年に准教授に昇格し，九三年には三十八歳で正教授となった」逸材である。また，正教授に昇進したおなじ年，「優れた教師に贈られる文理学部長賞を受賞したのである」。こうした「スタンフォード大学での昇進ぶり」をみても，「有能な教授になるであろうコンディの資質を見抜いたジョセフ・コーベル」の目にくるいはなかったといえる*45。

（3） ジョージ・H・W・ブッシュ政権での経験とスタンフォード大学での活躍

ライスが自伝のなかで，「ジョージ・H・W・ブッシュが大統領選に勝利すると，ブレントから電話があり，国家安全保障会議で彼の仕事に加わってほしいと要請を受けた。国務省のジム・ベイカーからも，政策立案次長として国務省内の外交問題戦略に関するシンクタンクの監督を補佐してほしいと誘われた。さらに，統合参謀本部にいた時期に知り合ったビル・コーエン上院議員からも，なんとスーパーボウルのさなかに電話があり，国防長官に指名されたジョン・タワーがペンタゴンの仕事にわたしを誘いたがっていると伝えてきた」と記しているように，1992年の大統領選挙で，ジョージ・H・W・ブッシュが当選をはたしたころには，ライスの能力は自他ともに認めるところとなっていたようだ*46。しかも，ライス自身，「学者として紛争の解決や軍事戦略の研究に打ち込んで来ていたため，いつの日かそうした専門知識をワシントンで活かしたいと希望していた」のだ*47。結局，ライスは，ブッシュ政権の国家安全保障問題担当大統領補佐官に就任する，ブレント・スコウクロフトから依頼のあった*48，「国家安全保障会議でソビエトおよび東ヨーロッパを研究する責任者の仕事を引き受けることにした」ようだ。ライスによると，「ほかの仕事にも興味はあったが，ホワイトハウスで働く一員になれるのは最高だと判断した」からだ*49。

さて，国家安全保障会議（NSC）のメンバーとなったライスのおもな任務は，①「次官補及び次官レベルの人物から情報を集め，政策立案過程をまとめる」ことをサポートすること，②「スコウクロフトの助手として，彼が海外のどの高官と会談すべきかを決めるのを手伝い，外遊の準備」をすること，③「大統領の『私設外交政策スタッフ』として，他国の首脳との対外政策会談で話し合うべき問題を簡潔にまとめた」文書を作成することの三点であった*50。ライスによれば，職員数40名*51の「国家安全保障会議（NSC）での仕事は厳しく，あまり華やかなものでない」ようであった。ライスは，「毎朝六時半にホワイトハウスに着き，夜は九時前にオフィスを出ることはめったになかった」という。だが，ここでの厳しい勤務をへて，ライスは，国家安全保障会議のスタッフが，「大統領のために働く職員であって，国務省や国防省の副長官たちと競い合ってはいけない」という考えや「業績は大統領のもの，失敗はNSC職員のもの」という“処世術”を学ぶこととなった*52。

ここでのライスの仕事の評価はたかく，スコウクロフトは，「コンディのメモは，米ソ関係に対する戦略全般の発展を導く基調を作った」と語っているほどだ*53。そのためであろうか，冷戦終結をたからかにうたいあげた，1989年12月２・３日の米ソ首脳会談の折り，同席したライスに対して，「『ぜひたくさんのことを知っていてもらいたいですな』とゴルバチョフは皮肉っぽい冗談を返した」ものの，ブッシュ大統領は，「ソビエト連邦について知っておくべきことはなんでも彼女が教えてくれるんですよ」と，もちあげたのであった*54。

このように，国家安全保障会議のスタッフとして，冷戦終結へとむかう一連の歴史的な場面に遭遇したライスは，みずからの勤務をふり返り，「あれはエキサイティングな日々でした。一晩眠って目が覚めたら，一国の社会システムが一変しており，新しく民主主義を掲げていたりしたのです」と述べている。このライスのことばからもわかるように，「ブッシュ（父）政権で過ごした二年間は，二度と体験できないような素晴らしいものだった」のだ*55。ただ，「先代のブッシュ政権時代，コンディの意識はもっぱら超大国間の関係とドイツ統一，軍縮，冷戦からの移行に向いていた。どの問題も重要なのは間違いないが，水面下の変化を見抜けていないと評する声もいくつか聞かれた」ようだ。「三四歳のコンドリーザ・ライスが，ソ連を評価するにあたって当時の集団思考を重んじすぎ，学説―コンディが言及した時点で古臭かった―に囚われすぎだというのが彼らの言い分だった」。そのため，「先代ブッシュ政権において，ソ連崩壊後の対応が後手後手に回ったのはコンディの責任だという非難さえ上がった」のであった*56。

最後に，ライスのブッシュ大統領に対する評価を紹介しておこう。ライスは，自伝のなかで，「ジョージ・H・W・ブッシュはわたしが今まで出会ったなかでも最も感じがよく謙虚な人物のひとりだ。人びとを導くとはどういうことか，彼から実に多くのことを学んだ」とし，「仕事がうまくいくと大統領から感謝の手紙をたびたび受け取った。こうした思いやりと礼儀正しさを表わす性癖のおかげで，彼に協力するのが喜びとなった。さらに重要なのは，世界政治の急激な変革期に直面したとき，この天性の温和さがアメリカ外交に役立った」と述懐している*57。

ワシントンでの仕事に区切りをつけ，スタンフォード大学での学究にもどったライスは，ホワイトハウスで「新たに経験して来たこと，特にたくさん得て来た世界の出来事の『裏話』」などの「体験談を学生に伝えた」。国家安全保障会議での体験が，学生を「教えるうえで財産となった」のだ*58。授業以外の場でも，ライスは，大学内で名をとどろかせた。それは，38歳の折り，スタンフォード大学学長のゲルハルト・カスパーから，「黒人初，女性初で，しかも最年少の副学長」就任を依頼されたことによってである。しかも，ライスは，正教授となって１カ月あまりしかたっておらず，学科長や学部長も経験していなかったのだ*59。だが，副学長としてのライスは，大学の「経費削減の成功とスタンフォード基金の価値の大幅上昇と記録破りの資金集めの成功」によって，「高く評価された」。そして，「副学長になって一年が過ぎた頃に，『タイム』誌の『注目される五十人の若手リーダー』に選ばれた」のだ*60。ライス自身も，副学長というポストが，「基本的には“大学内”にいる存在で，大学の日常業務に注意を払う職務」であり，「ありがたいことに，出張も少なかった」として，そのあいだの「歳月を大いに楽しんだ」と述懐している。ただ，副学長職の「辞任の発表の際に大学運営に関わるわたしの仕事は完了したと言明したとき，安堵した教職員は多かったにちがいない」というライスのことばからは，赤字削減のための人員削減など，大学再建のため，容赦のない運営をおこなってきた事実がうかがいしれる*61。

また，ライスは，「ホワイトハウス勤務と共和党との新たなつながりから，いくつかの企業の理事」や役員（石油会社のシェヴロン，保険会社のトランスアメリカ，投資銀行のJ・P・モルガン，シリコンバレーのヒューレット＝パッカード・コーポレーションなど）にも就任した*62。

ところで，「コンディは，副学長兼教授となって数年間は，政府へ戻りたいとはまったく思っていなかった」という。「教えることや新入生にアドバイスを与えることや，大学院生の指導をすることで満たされており，ワシントンでのペースを懐かしんではいなかった」。現に，ライスは，「私は，ワシントンで働いた経験のある多くの人が，その後の人生をひたすらワシントンへ戻ることを願って過ごすという，ポトマック熱にかかってはいません。正直言って，目覚めた時に，戻るべきかどうか考えるようなことはありません。あの二年間に多くのことをやり遂げましたので，もう一度それを繰り返したいという思いはありません」と断じていた*63。

（4）ライスの私生活と政治信条

ライスは，自分のことを「父は父でスポーツファンに育てるつもりだった」と語っている*64。そのため，「四歳の頃から，日曜の午後，父親に寄り添ってテレビでフットボールを観戦し，その間，父はルールやプレイ，戦略，競技連盟について詳しく解説した」という。そのかいあってか，ライスは，「『大きくなったら，プロのフットボール選手と結婚するわ！』と，小学校の友人の母親に話していた」ようだ*65。このことばを実現するかのように，修士課程を終え，デンバーへともどったライスは，「デンバー・ブロンコス〔プロフットボール・チーム〕のメンバーの一人と付き合っており，このロマンスは非常に真剣な交際へと発展していた」。この「コンディのボーイフレンドは『一流選手』で，二人は婚約」までいっていたようだ*66。そのため，ライスは，「フットボール“ワイフ”の暮らしを始めていた」。具体的には，「ブロンコズの試合がアウェーのときには，ほかの“ワイフ”たちと集まってテレビで試合を観戦」し，「ホームゲームのときには両親にスタジアムまで送ってもらう。ゆくゆく妻になるか，すでに妻になっている女性たちと一緒に夫人観覧席にすわる」という生活だ*67。

だが，永遠の愛かと思われた二人の関係は，破局をむかえることとなる。この「ミネソタ大学から四巡めのドラフトで選抜されたリック・アップチャーチという男性」について，ライスは，「リックは好青年で，初めて結婚したい男を見つけたと思った。とても波長が合ったし，彼はわたしの両親のこともとても気に入ってくれた」と語っている。だが，「リックは複雑な事情をかかえていた。彼自身で背負わねばならない責務があったのだ」という。そのため，リックはライスの「知っているなかでも最高の人間のひとりだったし，今でもその事実に変わりはないが，共通の友人が言うとおり，彼は『あまりにも多くのことに手を出しすぎて』いた」ようで，ライスとの「関係は静かに終わりを告げ，友人として残った」だけとなってしまった*68。

なお，スタンフォード大学で教鞭をとるようになってからも，「相変わらず彼女の恋愛においてはフットボールが中心」で，サンフランシスコ・フォーティーナイナーズの選手であった，ジーン・ワシントンと交際をしたりしている*69。このような異性関係からもわかるように，筋金入りのアメリカン・フットボールのファンであるライスは，「軍事をテーマとするクラスの最初の講義を，よくフットボールの分析から始めた」とされ，「コンディを知る人なら誰でも，大好きなトピックの一つがフットボールと戦争の比較であることを知っている」といわれるほどだ*70。ちなみに，ライスは，自伝のなかで，「わたしは昔から同じ人種同士の結婚を望んでいた」と語っていることを付言しておきたい*71。

さて，最後に，ライスの政治的スタンスについて，言及する。まずは，ライスの父・ジョンについてふれておこう。若干ながくなるが，興味深い話が，ライスの自伝にもられているので，引用する*72。

> 一族の話題としてよく語られるのは，父が共和党員になる決断をしたときのことだ。一九五二年のある日，父と母は選挙人の登録に出向いた。母は投票権を得る考査に難なく合格した。美人で肌の色が薄いアンジェリーナに職員は次のように訪ねた。「合衆国の初代大統領が誰か，もちろん知っているだろうね？」
>
> 「はい。ジョージ・ワシントンです」と答えただけで母は通ったのだ。
>
> しかし，肌の黒い父が前に進みでると，職員は何百も豆が詰まった容器を指さした。「この瓶には何個の豆がある？」と彼は父に問いかけた。もちろん，数えることなど不可能だ。
>
> 父はひどく打ちのめされ，協会の長老のひとりミスター・フランク・ハンターにこの一件を打ち明けた。老人は心配ないと父に言った。選挙人として登録する方法を彼は知っていた。当時，アラバマ州は民主党の土地だった。“イエロー・ドッグ・デモクラット”という言葉はこの時代にしばしば使われ，「共和党に投票するくらいなら黄色い犬に投票したほうがましだ」というくらい，民主党への強い忠誠を表わしていた。「あそこに共和党員の職員がいて，党員を集めようとしている」とミスター・ハンターが言った。「共和党支持者だと言えば誰でも登録してくれるさ」と。父はその女性を見つけ，無事に選挙人登録をすませることができた。父はこのことを決して忘れず，生涯，忠実な共和党員だった。

そのような筋金入りの共和党員であったジョンだが，1968年の大統領選挙戦では，「党派を超えてロバート・ケネディに投票した」という。ライスによれば，「わたしたちはケネディ一家が好きだったし，なかでもロバートは大好きだった。ロバート・ケネディは司法長官時代，断固として正義を追求したし，必ずや偉大な大統領になるはずだ，と父は言った」とのことだ。ライスの父・ジョンは，「公民権法制定に果たしたリンドン・ジョンソンの役割には敬服していたが，この大統領にはきわめて批判的で，副大統領のヒューバート・ハンフリーも認めていなかった」。そのため，「ハンフリーを予備選で打ち負かすために，ロバートにはロサンジェルスでの勝利が必要だった」との思いから，ジョンは，ロバートに票を投じたのであった*73。

では，ライス自身の政治的なたち位置はどのようなものであったのか。ライスによると，「わたしは民主党員として登録し，一九七六年，わたしにとって初めての大統領選ではジミー・カーターに投票した。これはわたしの頭のなかではいわば北部と南部の和解の物語だった。彼は初の南部出身大統領になるのだから。しかし，このアフガニスタン侵攻を契機に，ソ連について今まで知らなかった多くのことを学んだ，とカーター大統領が語るのを見た。『あなた，誰を相手にしているつもりだったの？』とわたしはテレビに向かって問いかけた。ソ連の軍事介入に対する最良の対応策としてカーターがモスクワオリンピックのボイコットを決めたとき，わたしは彼を見限った。一九八〇年にはロナルド・レーガンに投票し，それから数年後，共和党に参加した」とのことだ*74。だが，ライスは，おなじ自伝のなかで，「後年，わたしが共和党員になった決断について質問されたとき，ジミー・カーターの外交政策に嫌気が差し，ロナルド・レーガンの世界観に魅力を覚えたことが，この選択に反映されている，と最初は率直に説明した。しかし，両党の国内政策についてさらに踏みこまれると，さまざまな形の人種差別主義と遭遇した個人的経験による答えを返した。『恩着せがましく保護されるくらいなら無視された方がいいんです』とわたしは言い，“女性，マイノリティ，貧困者”について語る民主党の傾向を指摘した。わたしはアイデンティティ政治（性差，人種など特定のアイデンティティ集団の利益のための政治活動）が嫌いだし，偏見とは無縁だと言いつつ，その実は肌の色を超えて個人そのものを見ることのできないひとりよがりな人間も大嫌いだった」とも記している*75。とはいえ，「一九八〇年初期に，民主党上院議員のゲリー・ハートの側近を務めた」コイト・ブラッカーと親しくなったライスは，その縁から，「外交政策アドバイザーとして，選挙運動中，一時的にハートを支援した」こともあったようだ*76。ただ，「一九八八年に民主党のマイケル・デュカキスの大統領選を手伝ってほしい」と，恩師であるコルベルの娘・オルブライトから連絡を受けたライスは，「マデレーン，申し上げにくいのですが，私は共和党を支持しているのです」と，その依頼を断っている*77。また，ライスは，「人工妊娠中絶に賛成の立場を取っている点など，穏健派の社会観を持っている」ため，「全般的には共和党員で，外交問題については『とても保守的』で，他の問題については『超保守的』だが，いくつかの問題については『衝撃的なほどリベラル』で，問題によっては『中道』，そしてほとんどの問題に関しては『リベラル』ではない」との自己評価をくだしている*78。

3 ジョージ・W・ブッシュ政権時代のライス

（1）国家安全保障問題担当大統領補佐官

ライスを世界的に有名にすることとなるのは，ジョージ・W・ブッシュ政権入りしたことによってであるが，まずはじめに，ライスとブッシュとの出会いについてふれておこう。ライスは，自伝のなかで，テキサス州の「ブッシュ知事との関わりは一九九八年の八月に本格的になった。ジョージ・H・W・ブッシュ元大統領から電話があり，メイン州でブッシュ夫妻と少し時間を過ごさないかと誘われた。それまでにも何度か，ケネバンクポートにある夫妻の瀟洒な邸宅に招かれたことがあった」とし，「だが，今回はいつもの訪問とは異なる。父ブッシュは息子ジョージに引き合わせたいという希望を隠さなかった。わたしとジョージが互いをよく知り合い，外交政策について話し合う機会を作りたかったようだ」と回想している*[79]。「コンディと息子に対するブッシュ（父）の勘は，大当たりだった。非常に相性のよい二人の間に，友情と忠誠心，互いへの尊敬が生まれた。そして，コンディはブッシュの政治的キャリアの次なるステップにおいて大きな役割を果たすようになる」のだ*[80]。

ちなみに，第43代米国大統領となるブッシュは，ライスにどのような印象をもっていたのであろうか。ブッシュは，回顧録のなかで，「頭脳明晰で思慮深く，エネルギッシュな女性だとすぐにわかった」とし，もし，自分が「オーバル・オフィスに収まることができたら，コンディ・ライスをそばに置きたいと，私は心に決めていた」と記している。というのは，国家安全保障問題担当大統領補佐官のポストについては，「父とブレント・スコウクロフトの緊密な関係を見ているので，きわめて有能で，なおかつ全幅の信頼が置ける人物でなければならない」と考えていたからだ*[81]。このように，「国家安全保障問題担当大統領補佐官と大統領が協議する重要な問題は，二人が互いに心から信頼し合っていないと解決できない」。そのため，「ブッシュはコンディを『親友』と呼び，世界情勢について教えを請い，コンディが集めた多様な見解に加えて彼女自身の意見を絶えず求め，重要な職務を任せている」のであった*[82]。

さて，大統領職をねらうブッシュと会ったライスは，「わたしは礼儀を重んじてこういった発言は控えた」が，「知事はまだ真価が不透明で，副大統領アル・ゴアという本物のプロに対抗できそうにはなかった」と，「実際にはそう考えていた」とし，「ブッシュがホワイトハウスを目指して大統領選に出馬するだろうと言ったとき，勝てる見込みはないとわたしは思った」と，自伝で明言している*[83]。とはいうものの，大統領選挙での勝利をめざす「ブッシュの外交政策顧問チームの代表として，コンディは伝統的に男性に占められていたリード役を担った」のだ。そして，「ブッシュに何時間もかけて一つずつ解説した」が，「ブッシュは政策や国家安全保障について，用意されたマニュアルを読むのは好まなかったため，個人授業にはもっと双方向的なアプローチを工夫しなければならなかった」。具体的には，「ブッシュは孤独な作業や一人きりでの思索を好まなかったため，口頭で質問に答える形式の勉強会を企画する」などのアイデアをこらした*84。

かくして，ブッシュは，2000年の大統領選挙で，ゴアを破り，勝利した。「選挙の翌朝，ブッシュ知事が電話をかけてきて，わたしを国家安全保障担当補佐官に任命したいと言った」とのライスの発言からもわかるように，ブッシュは，終始，ライスの存在をたよりにしていた*85。このブッシュの要請を受け，ライスは，国家安全保障問題担当大統領補佐官として，ホワイトハウスにふたたびもどることとなった。ライスによると，大統領就任式の日以来，「私の『日常業務』は，実のところ，まったく日常的なものではないことを思い知らされた。毎朝，警備員の立つ門を入り，直立する海兵隊員の横を通り抜け，リンカーンやルーズベルト，トルーマン，ケネディ，レーガンが闊歩した廊下を歩くと，小さくはあるが，歴史に残るその場所がもつ特別な感覚を強く感じた。だが，その雰囲気に気を取られすぎる者は長続きしなかった。非常に大きなプレッシャーのなかでこなさなければならない仕事があり，失敗は重大な結果を招きかねなかった。ホワイトハウスはぬくぬくとした環境ではあるが，誰もが望むその仕事に就く者はみなそのリスクをも自覚していた」との思いをもったようだ*86。

ライスは，女性としてははじめてで，黒人としては，ロナルド・レーガン政権下のコリン・パウエル以来，２人目となる，国家安全保障問題担当大統領補佐官に就任した（第20代）*87。ライスは，回顧録のなかで，「国家安全保障担当大統領補佐官は一スタッフだ。ハイレベルのスタッフであることは確かだが，そうは言っても，一スタッフにすぎない。オーバル・オフィスから目と鼻の先にオフィスを構え，影響力があることは間違いないが，大統領の影響力を反映しているにすぎず，力を行使する場合は慎重にならざるをえない。国会安全保障担当大統領補佐官は，大統領が望むように閣僚たちを動かす策を見つけなければならない」としたうえで，「補佐官は軍隊を従えてはいない。外交官も，予算さえも，得ていない。あるのは大統領との関係だけだ。私は自分と大統領との関係性を確信していたし，私が動かすNSCがどのようなものか，わかっているという自信もあった」と記している*88。

さらに，国家安全保障問題担当大統領補佐官の職務を遂行するにあたって，「通常は少ないスタッフで，各省庁がこなせない仕事を担っていたが，その一方でNSCスタッフの業務が各省庁の業務と重複することのないように心がけた。また，NSCはオペレーションには関わらないようにした。政策の実施は，上院によって権限が付与されている閣僚たちに委ねたのである。NSCスタッフは大統領の個人的なスタッフでしかなく，議会によって責任を問われることはない。アメリカを代表して実際に何かをなすには，NSCはあまりに少人数で大統領に近すぎる存在だった」と語っていることからも，ライスは，NSCのもつ限界とその業務の重大性を十分認識していたといえる。だからこそ，ライスは，「NSCスタッフは限定的であっても実効的な役割を担い，大統領によって任命された閣僚たちを迂回するのではなく経由して，大統領の公約を実行することを誓った。特に，私自身の役割に関しては，あまり目立つことのないように心がけた」という*89。しかし，皮肉にも，ライスは，「特に九・一一以降，テロリズム関連の戦いについて記者会見を開くようになると，一躍メディアのスターとなった」*90。ライス自身，「九・一一後は，大統領の信頼できる代弁者となりうる私が，より大きな役割を果たさざるをえなくなった。その役割は，イラク戦争の機運が高まるにつれて，ますます大きくなった。九月から三月にかけて，私は日曜の報道番組に一二回出演した」と語っている*91。

ライスの国家安全保障問題担当大統領補佐官時代に生じたもっとも大きな出来事が，同時多発テロ事件であることはいうまでもない。ライスは，回顧録のなかで，「九・一一を防ぐ魔法は存在していなかった」と語っているが*92，同時多発テロ事件発生の可能性を事前にライスは知っていたという事実が問題視されたのは，周知のとおりである。ライスによると，「九・一一の前までは，国内においては，いずれかの警戒網にひっかかるほど本土に対する脅威は大きくはなかった。報告されていた警戒事項は，海外におけるアメリカの関連施設に対する攻撃」であったようだ*93。こうした状況把握がなされた背景には，「二〇〇年近くも本土が攻撃されていないという認識」があった。そのため，「国家安全が，対外安全保障を意味するようになっていたのである」。「アメリカの軍事機構は世界各地の安全に責任を負っていた」にもかかわらず，「アメリカにおける安全には責任を負っていなかった」という，「最も深刻な組織上の欠陥」が生じていたのだ*94。

そのためであろうか，2004年4月8日，同時多発テロ事件を検証する，「米国へのテロ攻撃に関する国家委員会」（9・11委員会）の場において，証言したライスは，「テロを防げなかったのはある一つの組織のミスではなく，構造的な問題」とし，なかでも，「最大の問題は，政府の各情報機関から政権上層部に不確かな生の機密情報が直接上がってしまうこと。また，外国と国内で把握した危険情報に食い違いがあることだった」と述べた*95。とはいえ，ライスがふれているように，「アルカイダについて言及したメールやメモや電話は，たとえそのことにほんのわずかしか触れていなくても，すべて私たちの職務怠慢の証拠となった」のだ*96。とりわけ，「この証言のハイライトは，二〇〇一年八月六日に大統領に渡された情報メモの中身だった。それには，オサマ・ビンラディンのアメリカ本土を攻撃する計画に関する情報が含まれていた。コンディは，このメモには切迫する攻撃に対する新たな警告は含まれておらず，『昔の報告に基づく情報』だったと強調」したのであった。ただ，このときのやりとりで，ライスは，そのときのメモの「タイトルは『ビンラディン，アメリカ国内攻撃を決意』だった」と認めたことは，注目にあたいする*97。

もちろん，「私たちは九月一〇日にいくつかの点をつなぎ合わせることができず，民間航空機が世界貿易センターとペンタゴンを攻撃するミサイルとして使われるなど想像することもできなかった」とライスは語っているが，“いくつかの点”については，報告がなされていたのだ*98。すでに，「二〇

○二年五月，ブッシュ政権は二○○一年九月以前にアルカイダのハイジャック計画の可能性について知っていたと報道されたため，コンディは政府が知っていた情報を記者団に対して明らかにした」ことがあった。そのときは，「『二○○○年十二月以降，情報機関は交通機関を狙ったテロ活動に関する報告を増やしました。アメリカを標的にしたアルカイダの攻撃や進展中の勢力に関する特定の危険性についての報告もありました』と，二○○二年五月十六日に語った」し，「『七月末，連邦航空局からもう一つの報告がありました。それは，「特定の標的やアメリカの民間機を攻撃すると確信できる情報はないが，テロ・グループがハイジャックを行う計画や訓練をしているのは確かなので，警戒してほしい」という内容でした』」と，「ハイジャックの可能性もその報告に含まれていたと付け加えた」のであった*99。

いうまでもなく，2001年９月11日に発生した同時多発テロ事件をふせげなかった背景には，さまざまな要因が関係している。ライスも認めているように，そうした好例は，「制度的な問題」であった。その「根本原因の一つは，『国内』と『海外』の諜報活動が分断されていたこと」であり，「たとえば，電子監視は，国外のテロリストの情報通信を監視する国家安全保障局と，国内のテロ容疑者を監視することになっているFBIとの間で作為的に振り分けられていた」という。そして，「このような縦割りの結果，アメリカを拠点に活動する工作員と海外のテロリスト下部組織とでやりとりされる情報を収集する責任部門が欠落することになった」ようだ*100。

いずれにせよ，「軍事的にも，経済的にも世界最強の国だった」米国が，「一最貧国の領土内から指示されて動く，国家をもたない過激派ネットワークの破壊的な攻撃を避けることができなかった」ことだけは，事実である*101。

（２）国務長官

先述したように，ライスは，同時多発テロ事件以降，ひんぱんに記者会見をひらいたり，多くのテレビ出演をこなしたりした。その意味では，国家安全保障問題担当大統領補佐官の資質として求められる，①「政治以外の面で大統領の親友であること」，②「客観的で，自分の見方よりも担当高官全員の見方の調整を優先できること」，③「表舞台に立つことや自己の誇張を差し控えられること」の三条件のうち，ライスは，３つめの条件を大きく逸脱していたといえる。本来，「ホワイトハウス外では目立たない姿勢を保つ内部マネージャーである」国家安全保障問題担当大統領補佐官という役割とは異なるはたらきをライスはしていたのだ*[102]。

しかも，こうした動きは，ブッシュの再選をめざした2004年大統領選挙戦の折りにもみられた。ライス自身，「国の安全保障は，大統領選の論戦の核となる問題であったため，私は全米各地で演説し，今，政府が何をしているかを説明することにした。そうした行動は“選挙運動”とみなされ，国家安全保障問題担当大統領補佐官のチームが権力争いから距離をおくことで長い間守ってきた伝統と矛盾するものであることはわかっていた」と述べている*[103]。現に，「国家安全保障問題担当大統領補佐官は大統領選挙に公然とは加わらないという昔からの前例を崩した」と，『ワシントン・ポスト』に書かれ，『ニューヨーク・タイムズ』の社説では，頻繁に『大統領選挙運動に加わっていたため，国家安全保障問題担当大統領補佐官よりも報道官のように見えた』と批判された」のであった*[104]。にもかかわらず，ブッシュ再選のために尽力したのは，ライス自身，「私がワシントンの外で現政権の政策を説明することは，大統領の再選という目的を果たすうえで有利に働くだろうと思っていた」からだ*[105]。

そのかいあってか，ブッシュは見事，再選をはたした。ブッシュによると，「二〇〇四年の選挙直後にコンディの国務長官指名を発表する準備を進めた」とのことだ。そこには，「取り扱いが難しい国家安全保障問題について，議員やマスコミに説明するのを，私はずっと見てきた」というブッシュが，「コンディの才能の広さには，感心するばかりだ」といっているように，ライスの能力を認めていた点にくわえ，「ホワイトハウスと選挙運動の六年間をいっしょにやってきて，コンディ・ライスとは密接な関係を築いていた」点が大きかった。そのため,「コンディは私の考えと気分を読むことができる」とまで,ブッシュは語り,「世界の未来像もおなじだし,反対意見があるときには,コンディは遠慮なく私にいうはずだった」との信頼関係を構築していたのだ。だからこそ,「大統領と国務長官のあいだに,あからさまな溝のないことが私には重要だった」というブッシュにとって,ライス以外の選択肢は,なかったのである*106。

だが,ライスの思いは若干ちがったようだ。ライスは,「もちろん,大統領が私を外交のトップに据えようとしてくれたのは光栄だった。トマス・ジェファーソンの六五人目の後継者となる歴史的な重みも理解していた」とはしつつも,「正直に言うと,国務長官になるかもしれないという事実には,複雑な思いを抱いていた」という*107。

「国家安全保障担当大統領補佐官として四年間働き,特別な権限をもつ閣僚になる心構えもできていた」ライスが,どうして,「複雑な思いを抱いていた」のであろうか。ライスによれば,「私が最も心配していたのは,国務省に移ることで大統領との関係がどう変わるかということだった」。ライス自身,ブッシュと「強い絆で結ばれている私なら,フォギー・ボトムとホワイトハウスの間に横たわる溝を埋められると思っていた」と語ってはいるものの,「国家安全保障担当大統領補佐官のときは毎日彼と顔を合わせており,一日に五,六回は会っていた。大統領執務室とのつながりを保つことが大事であるとわかっていても,国務長官になると,いくら努力してもそうしたつながりを保てなくなるのではないかと心配だった」のだ*108。「ブッシュのアドバイザーの中でもっとも頻繁にキャンプ・デーヴィッドで週末を過ごしており,クローフォードにあるブッシュの牧場『西部のホワイトハウス』へも,社交や公的な仕事のために頻繁に訪れている」にもかかわらず*109,ライスが,こうした懸念をいだいたのは,どうしてであろう。おそらく,「コリンのことは崇敬しているが,彼の率いる国務省が私の方針や政策と全面的に一致していないと思えることがままあった」という,パウエル国務長官に対するブッシュの評価が,少なからず,影響をおよぼしていたのかもしれない*110。

いずれにせよ，ライスは，「二人が四年以上やってきたことを―二人の間に距離をつくらず，海外や国内の第三者に付け入る隙を与えないことを―今後もやっていく必要があることを確認しあった」うえで，国務長官職を受諾した*111。

国務長官となったライスは，国務省を「よりフラットな組織にする必要があった。二度にわたりNSCで働いたときから，国務省のいかにも官僚的なピラミッド型組織には驚嘆していた」からだ。具体的に，「たった一枚の政策文書を作るだけでも，何人もの人々や，いくつもの部署の承認を得なければならなかったため，長い時間がかかった」経験をしていた。さらに，ライスは，国務次官の人事を考えるにあたって，「主体的に問題に対処して決定を下せる人材を集めた優秀なチームが完成し，あらゆる問題がトップの私の決断を求めて上がってくることのないようにした」という*112。ここでも，スタンフォード大学副学長としての経歴やワシントンでの勤務経験が役だったことはいうまでもない。

国務長官時代を回顧して，ライスは，「偉大な啓蒙主義をはじめ，社会の基盤となるさまざまな欧州由来の理念は，今もアメリカのなかに息づいており，それゆえ，アメリカはほかのどの地域よりも欧州と深く結びついている」と語っているように，外交の責任者として，欧州との関係を重視したことは明らかである。その証左に，ライスは，就任後はじめての外遊先として，イギリスを選んだ。これは，ライスのスタッフが，「外遊の最初の訪問国が“最も親しい友人”のイギリスになるように慎重に日程を組んでいた」からだ*113。また，中東地域については，「どこかで―特に中東で―何かが勃発すると，アメリカの国務長官がそこに出向いて解決することを人は期待する」とし，「中東情勢はあまりにも変化が激しく，あまりにも懸案事項が多くて，そちらにばかり気をとられてしまうのもやむをえないように思われた」ものの，「昔からアメリカの国務長官は，まるで火に飛び込んでいく蛾のようにイスラエル・パレスチナ問題に引き寄せられていく，と言われていた。この一触即発の問題に近づきすぎると，大やけどを負うことになりかねないというわけだ」と，ライスは語っている*114。

では，日本の位置する東アジア地域については，どのような印象をもっていたのであろうか。ライスによると，「東アジアは，ペンタゴンの独断的な側面が最も如実に表れている地域でもあった」という。「太平洋軍司令官は昔から植民地総督のような存在で，ハワイの軍司令部を拠点とする四つ星の将軍が発する命令は，最もましなときでも外交政策と軍事政策の境界線を曖昧にしてしまい，最悪の場合は両方の政策をぶち壊しにしてしまう傾向があった」との認識を披露している。そこで，ライスは，地域別国務次官補の候補として，「東アジアについて従来とは異なる見方をする人を求めていた」のだ。そこで，白羽の矢をたてられたのが，「独創的な思考の持ち主で，意志が強く粘り強い外交官」のクリストファー・ヒルであった*115。

東アジア地域に対して，上記のような認識をいだいていたライスは，「ヨーロッパ訪問を“最も親しい友人の一人”を訪れることでスタートしたのと同様」に，「まず日本に降り立つことで，北東アジアで最も長く続く同盟関係の重要性を強調した」のであった。2005年３月のライスの「日本訪問の目的は，アメリカと日本の関係を確認するとともに，その関係をアジア戦略のなかに位置づけることでもあった」。ライスが，回顧録で記しているように，「日本のおもな関心事は，一九七〇～八〇年代に起きた拉致事件の解決だった。日本では，北朝鮮に対して好意的に動くことが，この人道的な悲劇への関心が不十分な証拠とみなされることもある。韓国は北朝鮮の核開発計画の中止を望んでいるものの，対決を辞さない姿勢をとれば，朝鮮半島の緊張が高まるのではないかと恐れていた。中国は，北朝鮮が核を持つことで，日本が―あるいは韓国が―核武装化することを心配していたが，それ以上に，北朝鮮の政治体制を安定させることのほうに関心があった。北朝鮮の政治体制が崩壊して，中国に多くの難民が流れ込んでくるのを恐れてのことだ。言い換えれば，どの国も北朝鮮の非核化を望んでいたが，ほかに優先事項があるために，この目標の達成に向けて関係国が一致団結することができていなかった」のだ。そのため，「対北朝鮮戦略を有利に運ぶ」ためにも，ライスは，六カ国協議のメンバーである「中国，韓国，日本，ロシアがそれぞれ好き勝手に動かないようにする必要があった」*116。

拉致問題と日本との関連について，ライスは，「私は日本人に，北朝鮮の核問題の解決にばかり熱心で，拉致問題については積極的でない，と思われていた」と述懐している。そして，「拉致問題が悲劇であることは言うまでもない。だが，もしかして日本は，拉致問題についてアメリカの援助が得られなくなると困るというだけの理由で，六カ国協議の失敗を望んでいるのではないか，そんな風に感じることが多くなっていた」との懸念も示している。そのため，ライスは，「この二つの問題を連動させないように努力した。拉致問題を解決に導くよう，北朝鮮に圧力をかけはするが，しかし平壌の核開発を制限―あるいは停止―することができるのであれば，アメリカはそうする必要がある，そのように言うほかはなかったのだ」とまで断じている。このような状況からか，回顧録のなかで，ライスは，「私自身，日本を訪問するのがどんどん憂鬱になってきた」とも語っている*117。

そのうえ，「日本は近隣地域において，中国からだけでなく，私たちの同盟国韓国からも信頼されていない」という現実があった*118。関係国の足なみがそろっていないこともあって，ライスのいう，「私たちは六カ国協議が最終的には，朝鮮戦争の究極の解決，あわよくば和平条約にさえなるのではないかと期待しているのだ。現状からすれば飛躍しすぎるかもしれないが，一考の価値はある。核兵器を放棄する―もちろんその証拠をきちんと提示する必要がある―代わりに，朝鮮戦争の終結を正式に認める」との考えを実現することは，不可能にちかいような状況であった。それほどまでに，「日本側に北朝鮮の核開発計画を食い止めたいという気持ちはあったが，拉致問題が解決する前に私たちが平壌と合意を交わしてしまうことを不安視していた」のだ*119。

ただ，こうしたなかで，ライスの小泉純一郎首相に対する評価はたかく，小泉は，「ほかの国の首脳たちがそうであるように，威勢がよく，オープンで，言いたいことを言う。彼と初めて会ったのは，大統領の最初の任期に彼がキャンプ・デービッドを訪れたときだ。彼はそこで日本の景気低迷に関して，経済と社会を改革するためにしたいと思っていることを率直に語った。そしておおむねそれを実現した。彼はまたエルビス・プレスリーを歌ってみせ，お気に入りの映画『真昼の決闘』のせりふをそらんじ，報道陣がずらり並ぶ前で大統領とキャッチボールをした。日米同盟の熱心な擁護者で，フリーダム・アジェンダにも理解を示し，アフガニスタンとイラクに後方支援部隊として自衛隊を派遣すると約束した」「小泉の退任後，日本は再び合意政治に逆戻りした。とても国を前進させることができるとは思えないような，誰とでも取り替え可能な首相が何人も続いた」と，回顧録のなかで記していることを付言しておきたい*120。

4 結び

政治コンサルタントとして，ビル・クリントンの大統領選挙当選に大きく貢献したディック・モリスは，共著書のなかで，「コンディに対するブッシュの投資―第一次政権では国家安全保障担当大統領補佐官，第二次政権では国務長官に指名した―には，雇用という以上の意味がある。華やかな国際政治の大舞台にコンディを上がらせたことだ。そして，大統領当選からの五年間で，コンディの手腕は尋常ならぬ注目を集めた。考えようによっては，国民の面前で大統領のオーディションを受け，今までと変わらぬ気品，スキル，成果を示したと言えるかもしれない。アメリカ全土が見守るなか，薄氷を踏むような外交の舵を取り，テロとの戦いに決然と取り組み，国内外で民主主義を促進するコンディの姿は，指導者の素質をあらわにしていた。アメリカ国民がコンディにすがりついて，大統領選に出てほしいと頼んだところで，何の不思議もない。もし現実になれば，この傑出した女性に付き従う人々が長い行列を作ることだろう」と，ライスの能力をたかく評価している*121。

このように，政治家・ライスの手腕に期待する声は多く聞かれる。ただ，

2016年の大統領選挙戦をみても，ライスは，その決断をしなかったようだ。とはいえ，2028年以降の大統領選挙でも，共和党では，大統領選挙をめぐるライスの言動に注目があつまる可能性がある。それほどまでに，ライスの政治家としての能力はたかい評価を得ているということだ。

注

＊1　『読売新聞』2013年11月30日（夕），3面。
＊2　保阪正康『政治家と回想録―読み直し語りつぐ戦後史―』（原書房，2002年），i頁。
＊3　コンドリーザ・ライス著，中井京子訳『コンドリーザ・ライス自伝―素晴らしいありふれた家族の物語―』（扶桑社，2012年）。
＊4　コンドリーザ・ライス著，福井昌子・波多野理彩子・宮崎真紀・三谷武司訳『ライス回顧録―ホワイトハウス 激動の2920日―』（集英社，2013年）。
＊5　アントニア・フェリックス著，渡邊玲子訳『プライドと情熱―ライス国務長官物語―』（角川学芸出版，2007年），43頁。
＊6　ライス著，中井訳，前掲書『コンドリーザ・ライス自伝』，24頁および41頁。
＊7　同上，24頁および44-45頁。
＊8　フェリックス著，渡邊訳，前掲書『プライドと情熱』，14頁。
＊9　ライス著，中井訳，前掲書『コンドリーザ・ライス自伝』，45頁。
＊10　フェリックス著，渡邊訳，前掲書『プライドと情熱』，48頁。
＊11　ライス著，中井訳，前掲書『コンドリーザ・ライス自伝』，13頁。
＊12　同上，14頁。
＊13　フェリックス著，渡邊訳，前掲書『プライドと情熱』，104頁。
＊14　同上，8頁。
＊15　ライス著，中井訳，前掲書『コンドリーザ・ライス自伝』，4-5頁。
＊16　フェリックス著，渡邊訳，前掲書『プライドと情熱』，38-39頁。
＊17　同上，45頁。
＊18　ライス著，中井訳，前掲書『コンドリーザ・ライス自伝』，84頁。
＊19　ディック・モリス＝アイリーン・マクガン著，大須賀典子訳『ヒラリーvs.ライス―次期アメリカ合衆国大統領をめぐる闘い―』（アスペクト，2007年），99頁。
＊20　フェリックス著，渡邊訳，前掲書『プライドと情熱』，50-51頁。
＊21　同上，74頁および76頁。
＊22　ライス著，中井訳，前掲書『コンドリーザ・ライス自伝』，166頁。

＊23 同上，49頁。
＊24 同上，202頁。
＊25 フェリックス著，渡邊訳，前掲書『プライドと情熱』，85頁。
＊26 ライス著，中井訳，前掲書『コンドリーザ・ライス自伝』，200頁。
＊27 フェリックス著，渡邊訳，前掲書『プライドと情熱』，90頁。
＊28 ライス著，中井訳，前掲書『コンドリーザ・ライス自伝』，202-203頁。
＊29 フェリックス著，渡邊訳，前掲書『プライドと情熱』，93-94頁。
＊30 ライス著，中井訳，前掲書『コンドリーザ・ライス自伝』，113-114頁。
＊31 同上，205-206頁。
＊32 フェリックス著，渡邊訳，前掲書『プライドと情熱』，105頁および107頁。
＊33 ライス著，中井訳，前掲書『コンドリーザ・ライス自伝』，214頁。
＊34 フェリックス著，渡邊訳，前掲書『プライドと情熱』，111-112頁。
＊35 同上，112頁。
＊36 ライス著，中井訳，前掲書『コンドリーザ・ライス自伝』，220頁。
＊37 フェリックス著，渡邊訳，前掲書『プライドと情熱』，112頁。
＊38 モリス＝マクガン著，大須賀訳，前掲書『ヒラリーvs. ライス』，91頁。
＊39 ライス著，中井訳，前掲書『コンドリーザ・ライス自伝』，224頁。
＊40 同上，231頁。
＊41 フェリックス著，渡邊訳，前掲書『プライドと情熱』，126頁。
＊42 ライス著，中井訳，前掲書『コンドリーザ・ライス自伝』，223頁，230頁および232-233頁。
＊43 同上，287-288頁，290頁および295頁。
＊44 フェリックス著，渡邊訳，前掲書『プライドと情熱』，134頁。
＊45 同上，139頁。
＊46 ライス著，中井訳，前掲書『コンドリーザ・ライス自伝』，301頁。
＊47 フェリックス著，渡邊訳，前掲書『プライドと情熱』，147頁。
＊48 スコウクロフトは，「ホワイトハウスのスタッフ・メンバーの選定に取りかかり，『まずコンディ・ライスに電話した』と語っている」ほど，ライスの能力をたかく評価していたようだ（同上，15頁）。
＊49 ライス著，中井訳，前掲書『コンドリーザ・ライス自伝』，301頁。
＊50 フェリックス著，渡邊訳，前掲書『プライドと情熱』，156-157頁。
＊51 同上，171頁。
＊52 ライス著，中井訳，前掲書『コンドリーザ・ライス自伝』，303-305頁および312頁。
＊53 フェリックス著，渡邊訳，前掲書『プライドと情熱』，158頁。

＊54　ライス著，中井訳，前掲書『コンドリーザ・ライス自伝』，325頁。
＊55　フェリックス著，渡邊訳，前掲書『プライドと情熱』，166頁。
＊56　モリス＝マクガン著，大須賀訳，前掲書『ヒラリーvs. ライス』，135頁。
＊57　ライス著，中井訳，前掲書『コンドリーザ・ライス自伝』，308-309頁。
＊58　フェリックス著，渡邊訳，前掲書『プライドと情熱』，171頁。
＊59　同上，188-189頁。
＊60　同上，196頁および208頁。
＊61　ライス著，中井訳，前掲書『コンドリーザ・ライス自伝』，381頁および385頁。
＊62　フェリックス著，渡邊訳，前掲書『プライドと情熱』，179頁，181頁および184-185頁。
＊63　同上，204頁。
＊64　ライス著，中井訳，前掲書『コンドリーザ・ライス自伝』，49頁。
＊65　フェリックス著，渡邊訳，前掲書『プライドと情熱』，60頁。
＊66　同上，126頁。
＊67　ライス著，中井訳，前掲書『コンドリーザ・ライス自伝』，218頁。
＊68　同上，217-218頁および222頁。
＊69　フェリックス著，渡邊訳，前掲書『プライドと情熱』，142頁。
＊70　同上，136頁。
＊71　ライス著，中井訳，前掲書『コンドリーザ・ライス自伝』，291頁。
＊72　同上，40-41頁。
＊73　同上，154-156頁。
＊74　同上，233頁。
＊75　同上，196頁。
＊76　フェリックス著，渡邊訳，前掲書『プライドと情熱』，139頁。
＊77　同上，220頁。
＊78　同上，120頁。
＊79　ライス著，中井訳，前掲書『コンドリーザ・ライス自伝』，387頁。
＊80　フェリックス著，渡邊訳，前掲書『プライドと情熱』，18頁。
＊81　ジョージ・W・ブッシュ著，伏見威蕃訳『決断のとき』〔上〕（日本経済新聞出版社，2011年），132-133頁。
＊82　フェリックス著，渡邊訳，前掲書『プライドと情熱』，30頁。
＊83　ライス著，中井訳，前掲書『コンドリーザ・ライス自伝』，387-388頁。なお，この点については，回顧録のなかでもふれられており，ライスは，「このテキサス州知事が大統領選に立候補しても，勝ち目があるとは思えなかった」と断じているのは興味深い（ライス著，福井・波多野・宮崎・三谷訳，前掲書『ライス回

顧録』，16頁）。
＊84　フェリックス著，渡邊訳，前掲書『プライドと情熱』，21頁および23-24頁。
＊85　ライス著，中井訳，前掲書『コンドリーザ・ライス自伝』，397頁。
＊86　ライス著，福井・波多野・宮崎・三谷訳，前掲書『ライス回顧録』，26頁。
＊87　フェリックス著，渡邊訳，前掲書『プライドと情熱』，217頁。
＊88　ライス著，福井・波多野・宮崎・三谷訳，前掲書『ライス回顧録』，28頁。
＊89　同上，28頁。
＊90　フェリックス著，渡邊訳，前掲書『プライドと情熱』，213頁。
＊91　ライス著，福井・波多野・宮崎・三谷訳，前掲書『ライス回顧録』，183頁。
＊92　同上，14頁。
＊93　同上，75頁。
＊94　同上，111頁。
＊95　同上，243頁。
＊96　同上，241頁。
＊97　フェリックス著，渡邊訳，前掲書『プライドと情熱』，247-248頁。
＊98　ライス著，福井・波多野・宮崎・三谷訳，前掲書『ライス回顧録』，160頁。
＊99　フェリックス著，渡邊訳，前掲書『プライドと情熱』，229頁。
＊100　ライス著，福井・波多野・宮崎・三谷訳，前掲書『ライス回顧録』，75頁。
＊101　同上，85頁。
＊102　フェリックス著，渡邊訳，前掲書『プライドと情熱』，213頁および217頁。
＊103　ライス著，福井・波多野・宮崎・三谷訳，前掲書『ライス回顧録』，263頁。
＊104　フェリックス著，渡邊訳，前掲書『プライドと情熱』，250頁。
＊105　ライス著，福井・波多野・宮崎・三谷訳，前掲書『ライス回顧録』，263頁。
＊106　ブッシュ著，伏見訳，前掲書『決断のとき』〔上〕，144-145頁。
＊107　ライス著，福井・波多野・宮崎・三谷訳，前掲書『ライス回顧録』，267頁。
＊108　同上，267-268頁。
＊109　フェリックス著，渡邊訳，前掲書『プライドと情熱』，230頁。
＊110　ブッシュ著，伏見訳，前掲書『決断のとき』〔上〕，144頁。
＊111　ライス著，福井・波多野・宮崎・三谷訳，前掲書『ライス回顧録』，269頁。
＊112　同上，284頁および290頁。
＊113　同上，294頁および309頁。
＊114　同上，305-306頁，351頁および438頁。
＊115　同上，287頁。
＊116　同上，318-320頁。
＊117　同上，584-585頁。

*118　同上，479頁。
*119　同上，475頁および479頁。
*120　同上，478頁および584頁。
*121　モリス＝マクガン著，大須賀訳，前掲書『ヒラリーvs. ライス』，93頁。

あとがき

本書のタイトルに関して，ひとこと申しそえておきたい。当初，筆者は，『乖離する政治』という題名を考えた。なぜなら，第一次ドナルド・トランプ政権（2017年１月20日～2021年１月20日）下の米国政治に目をやっても，そこには，国内での激しい《乖離》がみられたからである。ちなみに，米国政治研究者の必読の書とされる，齋藤眞『アメリカ政治外交史』の「あとがき」には，「もし本書を通じて副題をつけるとすれば，『自由と統合』ということになろう」との記述がある*[1]。このように，従来，米国政治を検証する場合，「統合」というワードは重要な意味をもってきた。それにもかかわらず，トランプ時代の米国では，統合とは相異なる《乖離》の動きが顕著となった*[2]。2025年１月20日に，ふたたびトランプが大統領の座に返り咲いたこともあり，今後の米国政治において，《乖離》の兆候はますます激しくなっていくことは想像に難くない。

また，安倍晋三政権下の日本政治をあらわす場合にも，《乖離》ということばがあてはまるような印象を受ける。いわゆる安保法制の議論を想起すれば，納得がいくはずである。反対意見があったものの，そうした声は封じこめられてしまうかたちとなってしまった。

こうした国内の事象にくわえ，国家と国家との関係においても，《乖離》がみられるのではなかろうか。その好例が，ロシアとウクライナのあいだでの戦争であろう。これほどまでに相互依存した国際社会において，《乖離》することはデメリット以外のなにものでもない。だが，トランプの就任式の時点では，戦争終結のめどはたっていない。

こうした《乖離》というワードをつよく意識してあらわしたのが，本書である。当初は，書きおろし原稿をつけくわえようと考えていたものの，筆者の怠惰さゆえに，それもかなわないまま，本書を刊行することとなった。したがって，数多くのご批判をたまわることになろう。そうした忌憚のないご意見を受け，次回作は，もっと精緻な論文をちりばめたものとしたい。

最後に，出版事情が依然厳しいなか，本書の刊行をご提案くださった同文舘出版には感謝の念でいっぱいである。

2025年１月

浅野　一弘

注

＊１　齋藤眞『アメリカ政治外交史』（東京大学出版会，1975年），257頁。

＊２　トランプ政権誕生まえの2012年に刊行された『アメリカ政治外交史』〔第２版〕の「第二版あとがき」には，「政治的な『自由』の作動条件としての社会的多元性ひとつ取っても，アメリカ社会は，四〇年前と比べ人種やエスニシティ，ジェンダー，階級などいずれの側面でもはるかに分化や多様化が進んでいる。それだけに『統合』は，現実の政治目標としてばかりか，可能な社会状態としてイメージすることすら，ますます困難となっている」との記述があることを付言しておく（斎藤眞・古矢旬『アメリカ政治外交史』〔第２版〕〔東京大学出版会，2012年〕，351頁）。

索 引

さ

た

な

《著者紹介》

浅 野　一 弘（あさの　かずひろ）

1969年　大阪市天王寺区生まれ
現　在　日本大学法学部教授
　　　　札幌大学名誉教授
専　攻　政治学・行政学

【主要業績】

〈単　著〉※いずれも同文舘出版より発行

『日米首脳会談と「現代政治」』（2000年）
『現代地方自治の現状と課題』（2004年）
『日米首脳会談の政治学』（2005年）
『現代日本政治の現状と課題』（2007年）
『日米首脳会談と戦後政治』（2009年）
『地方自治をめぐる争点』（2010年）
『危機管理の行政学』（2010年）
『民主党政権下の日本政治―日米関係・地域主権・北方領土―』（2011年）
『日本政治をめぐる争点―リーダーシップ・危機管理・地方議会―』（2012年）
『現代政治の争点―日米関係・政治指導者・選挙―』（2013年）
『現代政治論―解釈改憲・TPP・オリンピック―』（2015年）
『民主党政権下の日本政治―鳩山・菅・野田の対米観―（増補版）』（2016年）
『ラジオで語った政治学』（2019年）
『ラジオで語った政治学２』（2019年）
『ラジオで語った政治学３』（2019年）

〈編　著〉

『歴代自民党総裁のリーダーシップⅠ―総裁代行委員～第四代総裁―』（学文社，2023年）

〈共　著〉

『ジャパンプロブレム in USA』（三省堂，1992年）
『日米首脳会談と政治過程―1951年～1983年―』（龍溪書舎，1994年）
『名著に学ぶ国際関係論』（有斐閣，1999年）

（検印省略）

2025年２月25日　初版発行　略称：安倍トランプ政権

現代政治をめぐる課題
－安倍政権とトランプ政権をふり返る－

著　者　浅 野 一 弘
発行者　中 島 豊 彦

発行所　同文舘出版株式会社
東京都千代田区神田神保町１-41　〒101-0051
営業（03）3294-1801　編集（03）3294-1803
振替00100-8-42935 https://www.dobunkan.co.jp

製版　一 企 画
印刷・製本　三美印刷

Printed in Japan 2025

ISBN978-4-495-46604-6